三十未嫁

SINGLE UNTIL 30

朱诺诺 著

新世界出版社
NEW WORLD PRESS

目 录

自序 / 原因的原因不是原因

起初，人类在年轻的时候，只有爱情，没有婚姻。后来，人发明了婚姻，形式多样，有时是一个男人掌控若干个女人，有时是一个女人与若干男人，更多的是一个男人和一个女人，在有些国家里，还有女人与女人，男人与男人……

现在，全世界到处都是结了婚的人。一个人一旦结了婚，便会努力过他（她）的婚后生活，与此同时，号召其他人跟他（她）一样。结婚，成了人生中唯一不需要解释的行为。于是，30 岁的未婚女人，便像猩猩一样，显得有些奇怪——为何你还不完成那“进化”的一步？

是呀，为什么呢？

为什么这些问“为什么不结婚”的人，不问一问“为什么结婚”？

活到 30 岁的人，可能最明白的一个道理是，没有那么多的为什么，一切都是必然与偶然的结合。我们的人生，不是上帝在乱掷骰子，却也有太多的选择与机遇相关。

比如这样的故事——葡萄爱上了西瓜，可是西瓜爱樱桃。葡萄直截了当地去问西瓜为什么？西瓜眼含爱怜地说："樱桃对人生的要求单纯，而且容易满足。"葡萄大吃一惊："难道我是复杂、贪恋而永不知足的人吗？"葡萄自问不是这样的人，可谁让你不能给别人造成楚楚可怜的印象呢？

正在心痛的时候，天上下起了大雨，葡萄决定无论如何都不会扔掉手里已经抖成一团的伞，因为她是理智的人，孤身一人在离家遥远的城市奔波，她明天还要上班，否则是要被扣钱的。西瓜说："所以啊，你是让我放心的植物，能够处理好身边的事情，但樱桃不行，她需要我。啊，再见了，我现在要去给樱桃送伞……"

葡萄便只好又骄傲又失望地走开了。

这是某一类单身未婚女青年的故事，它不能概括全部。但至少说明一个道理，一个拥有工作、友情的现代女性，爱情对于她来说，是而且必须只能是人生的一部分。

再比如那样一个故事——苹果和青梅交往良久，苹果说："闲着也是闲着，不如咱们结婚吧！"青梅说："呃，好……"咽下一大口饭，突然谈起隔壁芒果的糗事起来。后来，青梅吞吞吐吐地对苹果说："我害怕，我不能和你结婚，我们还是分手吧，不要耽误你的人生……"

看到这里，大部分人会习惯路径地想："哼，男人都有婚姻恐惧症，因为他们想到处播种，不想因一棵树失去整座森林。"其实，不一定呢。青梅可能是一个女人，或者是她觉得苹果根本不值得一嫁，或者是她根本不想跟世界上的任何人结婚。

在我步入30岁前后的这些年，我接触过很多直到30岁还没有结婚的女人——说到这儿，突然想起现在的一个习惯用法，即把上一句话中的“结婚”换成“成功嫁掉”，居然这也可作为人生的一种成功，可见它的难处——我认识的这些女人，她们之间有差异也有共性，但没有任何一种共性是导致她们未婚的原因，因为她们所有的特征都能在那些已婚女性身上找到。

就好像一个离过18次婚的女人，可能在19次的时候决定和那个人白头偕老下去，那么一个一直一直都没有被求婚的女人，比如从来没有被亲吻过的英国选秀偶像“苏珊大妈”，现在谁还敢说她不值得被爱，谁又能断定她未来不可能有一段绝妙的婚姻？用某教授议论国际政治风云的一句名言来说，就是“原因的原因不是原因”，人的每一次选择可能都是有原因的，但你无法用这个原因来推断她的下一次选择或者行为结果。

可是，现实处境的确又是如此堪忧。有人说，北京的特产是什么？不是烤鸭甜面酱，不是果脯，是大龄单身女青年。还有一个不知道是否准确的调查说，北京现在有超过50万的未婚女人！

十分好笑的是，单身大龄未婚已经是全球性问题了，据说新加坡还推出政府公益劝婚广告：“一位妇女在老公的葬礼上回忆起爱打呼噜、一身臭毛病的孩他爸，也禁不住泪湿衣襟。”它不外乎想告诉女青年们婚姻固然不完美，还是应该勇敢尝试一下。居然还有这样含泪劝女人结婚的，新加坡政府简直跟中国父母有得一拼呀！

更好笑的是，如果你做梦梦见玩具，上网去解梦，你很有可能会看到这样一条预言：“未婚女子梦见玩具，意味着迟迟嫁不出去。”有没有搞错？！只不过梦见玩具而已，就给出这样一个咒语！

单身，对很多女人来说，不是刻意为之的行为。万望那些无端指责大龄未婚女青年太挑剔或者怎样的人，闭上你们的嘴，不要再默默施暴了，虽然你可能的确是好心好意。

那么，回到最应该回答的主题上来，为什么要做这个访谈录呢？实在很难去回答，如果用“我要去爬山，因为山在那儿”的话来回应，难免显得敷衍，却也找不到更好的答案。在这里，我无意探讨爱情与婚姻。“爱情是个鬼，谁都在谈论它，可谁都没有见过它。”至于婚姻，更找不出谈论它的理由了，残酷地说，它不过是把对方变成自己的受法律保护的私有财产。而这些女朋友的小故事，它们根本不可能成为别人的人生样本或者失败反例，我只是将它们记录下来，说给三十未嫁的女人们听。

因为个人的关系，我寻找到的案例都是城市里受过良好教育的女性，尤其是离开家乡到大城市独自生活的女生。其实与她们相比，那些生活在人际关系错综复杂的小地方的女人受到更多社会压力，知识程度越低的女人选择不婚的行为会受到越多挑战……她们才是更值得去聆听的对象。这，不能不说是一个遗憾，希望社会学家来完成它。

最后，再发表一个愿望：希望未婚的姑娘们找到令自己神魂颠倒的爱情，结不结婚，那……实在是无所谓。如果，父母实在是太希望你结婚，你又遇到了还不错的对象，那，就结一个呗，没啥大不了的，还能附赠一个“父母高兴”！

2010 年 5 月

“来自异性的追求，无论它是成熟的或幼稚的，真情的或虚荣的，对于增强女人的自信心，有如伟哥之于男性。反之，如果在异性市场上频频受挫，难免自我怀疑与否定。”

爱只是一种瘾

1

小米在31岁生日即将到来的前一周，失去了她的三个男朋友。没错，是三个男朋友。

但是，能把他们叫作男朋友吗？小米扁着嘴想了想，不屑地说：“只能把他们叫作工具吧。”说完这话，她自己也忍不住哈哈大笑起来，又放肆又羞恼的样子：“哎哟，我怎么这么坏？！”这是在秋意渐凉的北京，我们坐在室外的咖啡馆。已然傍晚，却因为地处CBD，过往人群络绎不绝。

“中国男生真的是没法看！”小米示意我注意路上正面朝我们走过来的——大腹便便、边走边挖耳朵的中年男子；竹竿一样的男孩，“瘦成那样，饿了30年没吃饭吗？”也有衣冠楚楚、肌肉微丰的青年才俊，可他粉面含春，分明是可以共谈保养之术的“姐妹”！再看看下班途中的女人，虽然不见得个个都是翩若惊鸿，但基本上也是或清秀，或端庄，至少称得上顺眼！

小米现在几乎从来不和中国男生交往，绝非出自“种族歧视”，单纯因为她对男人的唯一标准是“帅！”而最佳上品是“1米85以上的高个子，金发碧眼。”不是所有外国人都能满足这一标准，“因为外国人很多都是杂交品种，纯种血统的人才会长出真正的金发。你仔细去看外国人的头发，会发现有一些人的金发是染的，下面长出的是棕色的头发。连他们自己也觉得金发最好看呢！”

总有那么一些中国男人，对那些约会外国男人的中国女性持鄙视的态度。章子怡演《艺伎回忆录》竟然遭到一些中国男人的强烈声讨，给她扣上了一顶卖国的帽子。小米觉得这些人太可笑了，“这样一来，这中国女人的性工具地位不但被坐实了，而且还等同于全体中国男人的共同财产了，不小心就要被中国男人以国家之名声讨。都21世纪了，难道中国女人跟谁睡不跟睡谁，还需要中国男人集体投票决定么？”

小米说：为什么跟老外睡的女人就一定吃亏？如果跟他玩的女人是为了尝尝鲜，把他当免费英国男妓，当功能超强的性工具用几回，究竟谁占便宜啊？为什么不说诸多中国女人为国争光睡了个欧洲男妓？

2

小米找了三个字来形容她刚刚失去的三个男性伙伴，分别是“美”、“乖”、“强”，他们都是在中国生活的外国男人。

“强”的离去，是小米最不舍的。“强”是一个性能力超强的男人，愿意在床上为女性孜孜不倦地服务。而且，“强”异常聪明，毕业于美国名校，懂六门外语，中文也好得不得了，连“整合资源”、“综合考量”这类词都讲得出来，这可是连文化程度差一点的中国人也不太会用到的词语啊！“聪明人做什么都会做得很好，包括……”小米意味深长地朝我微笑，“这种事情也是需要有天赋的，笨人就永远不知道你的需求是什么，只会把它变成机械的重复劳动。”

如果不是“强”的工作调动到上海，或许小米会愿意与“强”交往更久一些。虽然“强”是三个男伙伴里面长相最普通的一个，但他是可以在事后进行思想交流的人，无论工作上或是生活中的事情，两个人可以聊得很投机，就像朋友一样。

“强”在走的前一天晚上，还到小米家中过了一夜，“临别秋波”了一番，小米颇有不舍之意。但这种稍纵即逝的依恋感，在第二天就烟消云散了。忙忙碌碌地工作，她甚至忘记给他发一个“一路平安”的告别短信。

在这三个人里面，小米最爱恨交织的是“美”，“美”是一个身材健硕，五官完美的当代艺术家，来自澳大利亚。小米看过他的作品，觉得无趣又无聊，“一堆垃圾！”她在心里暗骂。但这也无所谓，反正小米看中的是他那张帅得惨绝人寰的面孔。

可气的是，“美”也特别知道自己的美，慵懒任性，有时候和小米确定了约会的时间地点，第二天又随意发个短信来说自己不想来了。他有好几次把小米惹得怒火万丈，决意要痛骂他一顿然后宣告分手。但等到“美”走到她身边，她又禁不住心醉神迷地叹息：“长得真是太好看了！”一点也不生气了，只顾孜孜地去瞧他棱角分明的嘴唇、湖水般幽蓝的眼睛……还情不自禁地拿出手机对着“美”左拍右照，“美”也很享受或者说很习惯这种被瞩目的感觉，很配合地做出各种魅人的表情和姿势。

和“美”一起吃饭乃至开房间，“美”似乎从来就不知道世界上有“付费”这两个字，小米有几次想等他掏钱包，等得肝肠寸断，最后忍不住尴尬，也不想闹得难堪，就付钱了。“难道他把自己当作鸭吗？”小米说：“算了，就当我是找了一个鸭，价格也挺便宜的。”说着说着，她又被自己的“恶毒”吓了一大跳，“我怎么变成了这样的一个人？”现在，“美”又陷入了他艺术家特有的忧郁厌世情绪中，久久不与小米联系，小米也决定跟他 byebye 了。

说起来，“乖”是最挑战她道德底线的一个男生。就像 20 到 50 岁的许多中国男人会嫌 27 岁以上的女人年纪太大一样，小米也觉得 30 岁的男生简直太老了，她也只愿意找 20 几岁的男生。但是“乖”才 21 岁，加上他身形清瘦、性格柔弱，看起来就像 16、17 岁的男孩。“乖”在北京的一所大学上学。小米每每与他约会，都会想起《朗读者》里的汉娜与伯格——他们之间相差 21 岁，在他 15 岁那年，她用身体诱惑了他。

与“乖”一起走在大街上，小米都会心虚地觉得路人在用异样的眼光看她，“这个中国女人怎么泡了一个外国幼齿？”但是小米继而愤愤不平地想到：“如果我是一个 30、40 岁的男人，和一个 18、19 岁的年轻美眉走在一起，没有人会觉得奇怪，而是把它看成理所当然的事情。”

小米半开玩笑地说，我要为中国女人争一口气。

小米感到无可奈何同时又有一些引以为憾的是，在她 31 年的人生当中，好像都是她在养男人，而没有一个男人养过他。她也渴望像一只小猫咪一样依偎在男朋友的怀里，但奇怪的是，相处时间稍微长一点儿，两人一起腻歪的时候，都是男人把头倚靠到她肩膀上，她伸手去揽住他。

尤其是“乖”，就像一个依恋母亲的小孩，对小米言听计从。小米带他回家，他咂舌惊叹：“哇，你的房间太豪华了！我什么时候才能住得起这么好的房间啊？”让小米愈发有罪恶感，觉得自己像一个怪阿姨。但是最近，明明说好了周末约会，“乖”却在周五突然发短信过来说自己有事，约会要推迟到下周。小米最恨男人爽约，毫不留情地说：“你这次不出现，下次就永远不要再出现在我面前！”“乖”一连发了许多短信，赌咒发誓自己一定会再来找她，小米回答：“No way！”

在一个旁观者的眼光看来，小米对于男人实在太冷酷无情了，不能容忍男人的一点点怠慢，丝毫的疏忽。总是为一些在一般人看来微不足道的小事，当机立断，与某个或者某些男人彻底绝交，另觅新欢。

有时候，小米的女性朋友，满身怨妇气息地跑来向她倾诉感情生活中的痛楚，小米总是慷慨大方地说：“这有什么好烦恼的啊？你太小心眼了！”女朋友提醒她说她才是最最眼里揉不得一点沙子的人物，小米说：“你们那是爱情，才会为了一点敏感的小心思死去活来。我和他们之间完全没有感情，就是玩玩而已！就是玩，我为什么要容忍他？马上给我滚得远远的。可以玩的男人，一抓一大把！”

3

这是真的。

小米在26岁之前，循规蹈矩、性情保守。

也就是说，狐狸精是可以炼成的。

小米的童年，是在贵州度过，父母经商，她几乎没有怎么尝过贫穷的滋味。从小的天敌，不是别人，是家中的姐姐，小麦。头生女，似乎占尽了父母的优势，生得“美眸善睐”，尖尖的小下巴让长辈们分外怜爱，天生就是一个狐狸精。可怜小米得到最多的赞叹是：“瞧这孩子，身体真好，长得这么胖！”大人见了她都叫她小胖墩。连小朋友也是一样势利，小米念小学三年级时，被选为合唱队的主唱，同学竟在背后议论：“哟，她那么胖，竟然还能当主唱！”所以，有很长一段时间，小米都觉得“胖”是她的罪过，人生污点。

80年代，小胖仔和小胖妞不像现在这么多，大多数小孩都瘦伶伶的。但从过去到现在都未曾有过变化的是，人们更加怜惜瘦小单薄的孩子。

况且，小麦幼年最被父母、老师褒扬的是：她上课的时候可以一动不动地坐得像木板一样笔直——现在想想，这真是一个可怕的譬喻，一种对孩子残酷的要求。小米得不到长辈的爱与关注，天性得到了极大的释放，她下河摸鱼、上山掏鸟，人嫌狗厌。在这形式主义的表象下，产生的结果是小米的成绩比小麦好很多，但自卑得多。

小麦最值得夸耀的是，她交往过数不清的男朋友。小麦太轻易得到男人的爱，有一次一个男朋友随意地跟她说："小麦，你样样都很完美，就是稍微丰满了一点！"他以为他有资格跟她说这句话。孰料小麦大怒，命令他马上离开。这之后，此人雪地跪求也无法挽回她的芳心。

小米亲眼目睹姐姐把男人"玩弄于股掌"，而自己却直到上大学才有了第一个男朋友。她小心翼翼地呵护与他的感情，却仍然有极强烈的不自信，心底总有声音在疑惑："他真的爱我吗？他会一直爱我吗？他爱我的哪一点呢？"强烈的不安全感无时无刻不在冲击她，她趁男友外出的时候，偷偷去看他的日记。他在日记里写自己当年如何辛苦地追到他的初恋女友，那一段感情是如何地让他刻骨铭心。他也写了小米，说她尽管不漂亮，但是是一个好女孩，他决定要好好地对待他。

看到这些话，小米心如刀绞，她气恨自己为什么不能得到男人强烈的爱，为什么他要说自己不漂亮？但又不能告诉对方说自己偷窥了他的日记，强烈的愤怒与绵密的怨恨压抑在心里无从释放。他发现她每天都阴沉着脸很不开心，却不说为什么。她想方设法地找借口，为生活中的一点小摩擦大动干戈，把他折磨得苦不堪言，令她获得报复的喜悦，当然她自己也是不愉快的，就像虐恋爱好者那样，非要用皮鞭将对方抽打得伤痕累累，也把自己震得虎口开裂，皮开肉绽——当然她用的是精神的皮鞭，双重的痛感带来双重的快感。她知道自己这样做是非常不对的，不仅把自己推向万劫不复之地，从良心上来讲，也不该这样对待一个无辜的人，是的，他基本上是无辜的。他只不过是不爱自己，或者说仅仅是没那么爱自己罢了。

爱与自尊，是互相戕害的关系——有时候，她会这样想。当你的自尊心过于敏感，过于要强，它会超越你的爱意。一旦人的自尊心感到受了伤害，嗔怒的火焰会燃烧起来，你会为了维护自尊心去做任何事，宁愿失去爱，失去你爱的人。

来自异性的追求，无论它是成熟的或幼稚的，真情的或虚荣的，对于增强女人的自信心，有如伟哥之于男性。反之，如果在异性市场上频频受挫，难免自我怀疑与否定。即便是到了今天，小米仍然坚定地相信，男人最看重的永远是女人的相貌，美女犯了错，只要她撒撒娇，男人就会原谅，至于女人的聪明才智或者性格情商，那都是摆在后面去考虑的。每逢情绪低落，“不如姐姐漂亮”的阴影就会从心的角落飘出来，遮盖她的理智。

4

父母把华领到她面前。华学历高，工作稳定，收入一般，老实羞涩，之前从来没谈过恋爱。他和小米出去约会了四五次还不敢牵她的手……还有比这更适合的结婚对象吗？家长们都这样说。

24 岁的小米，在长辈们眼中已经是大龄女青年，到了要谈婚论嫁的最后期限了。小米想，所谓爱情婚姻大概就是这样吧！他和她走进了婚姻的围城。

如果世界上有一个工科男生的博物馆，那么华可以说是其中最巅峰的范本，他着迷于技术，可以为了研究一个数理模型几天几夜不离开书桌，一袋切片面包和一瓶矿泉水足以满足一天的食物需求。小米带他去逛街，不过十分钟他就如热锅蚂蚁，愁容满面。小米想提高他的艺术修养，带他去博物馆，离开博物馆的时候，小米发现他们没有在一副画前停留超过 5 秒，如果小米表现出对一副画作有兴趣，他马上露出识趣的笑容："来！我给你在这幅画前拍一张照片！"

华从来就没有主动提议过去做任何一件可称得上修身养性的事情，绝不会想到给家里买一个装饰品，最大的娱乐是做一顿油呼呼的大餐供全家人饕餮。

在华面前，小米几乎有些害羞地意识到，原来自己是一个文艺女青年。她原本以为自己是很不文艺的人，因为她还没有像标准文艺女青年那样，热衷于地下音乐等一切小众的事物，她其实只是希望，在看完电影之后，有人能和自己一起发发感慨……但华往往只会露出一个憨厚的笑容，听小米叽里呱啦地乱发议论，而没有任何回应。

渐渐地，叽叽喳喳的小米成了沉默的小米。她向我说起那种感受："就好像一个人深夜里孤独地在旷野上奔跑……"两个人在家，很久不说一句话，华沉浸在他的数学模型里，安然地享受着宁静的家庭生活，完全意识不到问题的存在，留下小米一个人对着空气跟自己越来越深切的绝望感搏斗。

其实世间有多少夫妻都是这样一辈子守下去，小米不是没这么想过，直到李军突然涉入她的生活。和很多狗血电视剧或爱情小说一样，李军是她的上司、已婚男人。没那么猥琐的是，他公开坦然地偏爱她，在同事面前夸奖她的聪明能干——她也的确是异于常人地聪明，而且对工作有热忱。

李军有外人看来美满的婚姻，与他的大学同学也是初恋女友结婚，生了一个无比可爱的儿子，大学毕业之后两人曾经有过长时间远距离的恋爱，后来两人一起努力，终于才生活在一起，也就是说，他们的感情曾经受到过考验，而他们也真真正正地通过了考验。

没有人能扛得过时间，不论你有多少美德。你好不容易才为自己建立了美满的城堡，于是你精神松懈下来，魔鬼就开始入侵了，它的名字叫“乏味”，它进入你身体的内部，让你看到死亡，看到人的有限性，你开始变得贪婪，变得不再考虑身段，你只想牢牢地把握现在。

在小米之前，李军有过小情人，这是公司尽人皆知的秘密，连小米也知道。她所没有料到的是，自己有一天也会成为那个被别人指指点点的小情人。

小米一点也不后悔，她真心爱过他，她相信他也是真心爱过她的。他们双双对自己的另外一半撒谎说要出差，实际上却是泡在本市的宾馆里，几天几夜不出门，点餐到房间里来吃。搞笑的是，他们腻歪的间隙，是唇枪舌战地谈工作，议论世界格局国家大事，进行思想的交锋，他们有那么多可聊的东西，他们都感到棋逢对手，被对方的智慧碰出灵感的火花。

有一天，他们从宾馆出来，打算各自回家。在街上走了没多远，李军突然闪进路边的一家麦当劳，小米正在张皇地四处找他，突然看到李军的老婆带着孩子从对面走过来，她热情洋溢地与小米打招呼，还让孩子叫她阿姨，她是一个很好的女人，其貌不扬但是性格温婉，对婚姻忠诚。

小米自觉不能承受这种罪恶感，与李军商量离婚的事情。李军只是沉默或者说不忍抛下他们母子，喝醉了酒之后他会抱着小米大哭，一点都不像平常的他，在外人面前的他嬉皮笑脸，泰山崩于前而色不变。唯有喝醉了之后，他才会露出真性情，像孩子一样无助地啜泣。

如此三番四次，小米决定到另外一个城市去，结束这场没有结果的爱情，同时也给她的丈夫寄去了离婚的信函。

四五年之后，当小米再次回到北京，她的前夫华已经娶了另外一个女人为妻，他依然对小米有愤愤不平之气，故意嚣张地向她夸耀自己如今的美满婚姻，以及蒸蒸日上的事业。小米觉得他幼稚得可笑，但是她觉得他的幸福也并非不可能实现，如果对方是一个衣食无忧即心欢喜的传统女生，那华的确是不错的选择。

小米倒是常常和李军见面，只不过她心里感慨的是："Oh my God，这么一个大腹便便，满脸风霜的老男人，我曾经爱他爱得要发疯？"小米需要李军给她一些业务上的支持，毫不客气地找他帮忙。李军乐呵呵地倾其所能地帮助她，但两人一起吃饭的时候，除了谈工作还是谈工作，小米冷眼瞥到李军总在不停地发短信。他那样的一个人，又找了别的小情人吧！他怎么可能不再找一个小情人呢？

5

离开李军的时候，小米以为自己已经品尝到了人生最极致的爱情，能够那样欢喜那样地痛，可是没想到竟然还能遇到更疯狂的热恋。对方仍然是一个结了婚的老男人，不同的是，他是一个外国人，娶了一个日本人为妻。

他给小米写中文诗，能在电话里给她唱几个小时的情歌；如果小米没有接到电话，他每隔5分钟就跑去给她的手机留一通肉麻的信息，他对小米说："你瞧我这个骚老头……"这话从一个金发碧眼的外国老男人嘴里说出来，把小米逗得哈哈大笑。

有几个月时间，小米觉得自己活在过山车上，一直在向未可知的巅峰冲刺，可是又有强烈的悲观，不知道它什么时候会冲向谷底，什么时候过山车突然嘎达一声断了电，把她独自扔在高空中下不来。

那一天的到来，是小米发现他在世界各地的城市几乎都有一个情人，小米愤愤地嘲笑他："你真是五十六个民族五十六个家啊！"老情人被她逗得哈哈大笑，说她是他的小猫咪。

可是想到全世界都有"小猫咪"被他这样爱宠过，小米发现自己内心熊熊燃烧的嫉妒之火几乎要冲膛而出……老情人的出现，让她看到了另外一个自己，她觉得自己本质上和他没有两样，他们都是爱饥渴患者，需要的是如火如荼的恋爱感觉，而不是平淡的长相厮守。

好女孩上天堂，坏女孩走四方。小米开始上各种交友网站，她的风趣和她风情万种的照片给她带来了无数的粉丝，其中不乏女人，当然也有不少美男。

流流是其中最不帅的一个人，可是风趣得紧。两人在网络上聊得火热，小米觉得，这网络爱情就是太虚幻了，好像网一断，一切便灰飞烟灭了。重要的是从网络走到生活中来，可是很难。不过万事随缘吧，是自己的也跑不掉。

流流是中国男生里比较擅长甜言蜜语的那一类了，但是跟老情人比起来，仍然是小学生和博士生的差别。小米说："我很担心现在的中国男生，他们都怎么了，对什么事都提不上心，缺乏生活的热情，也许他们活该面对寂寞。一个不会爱的人，是寂寞的。"

小米渴望从流流那儿得到强烈的爱，因为她喜欢他——交友网站上有一个极端愤青的男人，因为女朋友跟别的男人跑了而嚷嚷着要杀了他们泄愤，网上的其他人都对他置之不理或者骂他脑残，唯有流流真诚地说出自己的故事去感化他，劝他以大度的心来对待眼前的一切。

流流曾经也遭到过女孩子的背叛，而且不止一次。他劝那个内心失控的男人："女孩子那样一而再地背叛你，是因为她们太害怕了。因为她们知道自己做的不对，自己受到良心上的折磨。从心里她们不相信你真的能在她们做了那么多错事之后原谅她们。有的人害怕了就逃避，有的人害怕了就努力让自己做得更绝情。作为一个受伤的人，要做一个有尊严的人。爱情这东西，还真不是一个人能用努力、宽容、深情能做好的。两个人的事情就是得要两个人做。命运有时候非常残忍，而且不公平，每个人，其实都有被推到悬崖的时候。生活就是梦境和真实的交替蒙太奇，你认真了，遇神杀神，遇佛杀佛，那样的你，就活在梦境中了。如果你睁开眼睛，也许，也许就会觉得不过是一个噩梦罢了。我希望你能看到噩梦之外的真实世界，真实的世界也许就是充满了无助和悲哀，但有时候，仅仅知道有这样的一个世界存在，心里也会好受些。"看到流流对别人说出这些话，小米觉得自己对他的爱哗然而起，太多的男人在爱情中受到了伤害便决定不再爱，即便是去爱也是有所保留，而流流他不是这样的男人。

为了得到关注和爱，小米不停地折磨流流，抱怨他为什么不给自己打电话，为什么只说那么简单的情话……流流不像一般木讷的中国男生，他每天都会对小米说甜蜜的话，但小米总在抱怨不够不够。而他们竟然还没有见过面呢！

有一天，小米心头一热，决定买了机票去看流流。她觉得他们之间的关系太虚幻了，她需要把这种感情落到现实中。在去的路上，她问自己：我真的爱他吗？如果我爱他的话，我怎么忍心那样折腾和苛求他呢？我是为了爱情奋不顾身？事实上，我只是喜欢这种不顾一切做一件事的感觉吧，某天回忆起来会觉得比较有意思，会觉得当初自己是多么率性的人。不为别人，只为自己。以后有资本跟我孙子吹牛说，想你外婆当年，多么疯狂啊，跑了千里路看去一个男生！

小米决定给自己三天的假期，如果两人见面之后，感觉不好就当作是去旅游一趟好了，一切皆有造化，最重要的是你在这过程中感到快乐。她越想越得意："人生得意须尽欢，年轻时就需要做几次自己一时冲动想做的事吧，比如突然订机票去看一个喜欢的男生，比如突然提上行李一个人旅游，比如驾车穿过一个国家等等，当然，结婚这种不可悔改的事，不能一时冲动。"

结果，两个人相见甚欢，小米又一次在心中冒出了结婚的念头。

可是三天之后，小米不得不离开流流所在的城市，回到现实中。距离令人清醒，也让人多疑。小米开始隐隐担忧："我怎么觉得自己有一天还是会逃离这段感情呢？为什么一遇到真正的感情，我第一个反应就是想逃跑呢？我是不是有病？”

流流无法做到小米期望的那样，纯粹地彻底地陷入火热的恋爱，以及他有意无意间透出来的对婚姻的犹疑，让本来就不甚有耐心的小米迅速地回到了悲观的泥沼——他还是不够爱我！

两人都已经不是青春年少，虽然仍看得到爱意，但漫漫长途的磨合与妥协，是两人都不愿意去涉足的未来。

6

回到北京之后，小米只会跟很少的几个女朋友讲她在外地那些年的想法，以及最近约会美男的故事。她其实还有另外几个朋友，可她们几乎都是与初恋男友谈长长的恋爱，然后顺顺当当地结婚，生活平淡、互相忠诚，没有跟丈夫以外的其他男人有过身体接触。有时候，她也试着告诉那些女朋友她真正的生活，但只稍微说出一点点边角碎料的故事，她们就痛心疾首、难过万分地盯着她，好像她是非洲饿了一个星期的孤儿，误入歧途的小白兔，被生活打垮的好女人。

“挖一万个坑，种一万棵树，却没有一棵树存活，有什么意思呢？为什么不实实在在地挖一个坑，好好地种一棵大树？”

比这些女朋友更反应激烈的是她的父母，尤其是她的母亲。她当然从来都没有告诉过母亲她这肆意妄为的生活，母亲以为女儿是一直交不到男朋友的可怜大龄女青年。母亲寝食难安，几乎要得精神疾病。有一天，姐姐跑来找她："妈刚才给我打电话了！她真是疯了，她跟我说，你可怜可怜你妹妹吧，给她再生一个孩子吧！"

2009年的秋天，小米90岁的外婆突然去世了——其实也不能称之为"突然"，外婆身体不好已经有30余年，都是小米的母亲在照料。小米回家奔丧，丧礼根据老太太临终前的要求"一定要热热闹闹的"，请来了乐队大唱大跳，很多人脸上都笑嘻嘻的。乐队允许点歌，小米点了一首"外婆的澎湖湾"，演员唱得一塌糊涂，小米难以忍耐地跳上台去，夺过话筒自己唱了一遍。"要是外国人看到中国人的葬礼，肯定都会吓坏的！"小米说。

乐队吸引了村里的很多人来围观，小米被一个老太太抱着的小女孩吸引住了，那个女孩大约七八个月大，皮肤嫩白细滑，尖俏小下巴，大眼睛灵活地眨巴。"这小孩长得太好看了！"小米忍不住跑去把女孩抱在怀里，小女孩一点也不认生，好奇地伸手去抓小米的头发。可是小女孩脸上竟然生了疮，可见没有得到父母的细心照料。

追问之下，原来女孩的母亲才21岁，竟已是三个孩子的妈妈，婆家一定要迫她生出儿子来，谁知她第一胎生了个女儿，第二胎生了对双胞胎，竟又是女儿。

"把这个孩子给我收养吧！"小米直截了当地向小女孩的奶奶提出这个建议。既然他们家执意是想生出一个男孩，那么也不会真的有多疼爱这个孙女吧？小米对女孩的奶奶说："我一定给她最好的教育！"周围的人也都纷纷帮着小米说情。小米的妈妈最起劲了，因为她这些年来已经对小米绝望了，断定了这个女儿再也嫁不出去了，更加不可能生养自己的孩子。

小米提出要给小女孩她们家五万块钱，作为收养孩子的代价，小女孩的奶奶还是执意拒绝了。第二天，有人不知从哪儿听到了这个事情，跑来找小米，要把自己家的儿子过继给她，这回是小米毫不迟疑地拒绝了，她觉得自己已经很难相信男人，甚至包括儿子。

小米的外婆育有五子，其中有两个儿子，三个女儿。大儿子最能耐，是当地有名的医生，也是人所共知的富人，他却对自己的母亲置若罔闻，完全丢给小米的母亲去照料。有时候老太太生病了，找到他，他不耐烦地说："老毛病了，不用看医生。"

舅妈对老太太也不怎么好，小米 10 岁的时候就发现了这一点，她心疼外婆，追着舅妈骂她不要脸，缠着自己的舅舅……在她那个年纪和环境里，所能掌握的对女人最狠毒的咒骂就是这句话了。多年以后，小米看到张爱玲写过一句话："一个女人上了男人的当，就该死；女人给当给男人上，那更是淫妇；如果一个女人想给当给男人上而失败了，反而上了人家的当，那是双料的淫恶，杀了她也还污了刀。"小米现在有一些追悔年少时的幼稚刻薄，但不孝顺长辈的舅舅和舅妈，让小米气恨难当，赌咒发誓说："我一定要养女儿！坚决不要儿子。"

养女的事就此告一段落，但是小米也据此得出她颠扑不破的结论："女孩不漂亮可要怎么办啊？如果是一个小丑女孩，我绝不会想要去收养她！我身为女人都这样注重外貌，何况男人呢？"

最近一次见到小米，她告诉我说她已经很久不出去约会了，她突然好像对美男提不起兴趣了，她比喻说以往频繁的约会就好像玩游戏一样，你在玩的过程中沉溺于此，可是你一旦几天不去碰它，你会发现你根本想不起来那些纯粹为了玩而玩的感情游戏，也丝毫感觉不到它的乐趣，它们只不过是一种瘾，病症似的东西。但是，结婚对她来说也是遥遥无期，至少现在，她发现自己太难去全心爱一个人了，遇到一个值得她爱的男人，困难程度堪比要在地球上找到一个火星人。

恋爱世界里几乎有一个永恒的手段，当A得不到B的爱的时候，A就会想方设法地让B知道，虽然B你不喜欢我，但是C喜欢我呢。这种做法，不知道是为了维护自尊心，还是要给B施加压力。

暧昧男不得入内

1

“真没想到，我这样一个相貌和家境都不错的优秀女生，怎么就嫁不出去了呢？我脸皮这么薄的人，已经沦落到了主动去追求我喜欢的男生的地步了啊，男人还拿腔拿调。”晓云对于自己的单身状态，与其说是苦恼，不如说是困惑。

晓云拎着好几个购物袋来见我。她刚刚在商场花了好多钱，给爸爸和妈妈分别买了衣服，也给自己添置了几条秋冬季节的裙子，还买了一堆化妆品和护肤品。

“为父母花钱，心情真好！”晓云和大多数女生一样，每逢心情不好，就忍不住冲到商场去血拼，把钱花出去一些，才略感痛快。物质的确有抚慰人心的功效，而且我们一致认同，购物狂绝不仅仅是女性。君不见淘宝之类的网上商城出现之后，尤其是在心灵空虚、挫败感急升的空闲时间，男生流连淘宝的时间可与女生逛商场的时间相媲美，“他们还不是一样，逛逛就开心了，或者买回来一些乱七八糟、没用的东西。他们只不过是觉得逛商场太女里女气罢了。”

痛苦出现的时候，谁都需要打一剂麻醉针吧——这个道理通用于男女。可是，在面对情感问题的时候，男人和女人也是一样的吗？

“我觉得男女差异太大了！男人来自火星，女人来自金星，那本书说得没错！”晓云说。“怨女被暧昧男折磨得死去活来”的故事，在她和她的朋友身上都发生过。“我一向自诩是一个看问题比较清晰的人，现在却觉得自己什么都看不太懂。”晓云还没有从上一段失恋的郁闷中走出来。

让晓云如此烦恼的人，是她的一个相亲对象。

晓云大约1米6出头的样子，长发飘飘，五官称不上漂亮，但是是一个让人看着很舒服的女孩。长这么大，她只谈过一次恋爱，分手原因很简单，男孩不愿意去她家所在的城市，她也不肯去他成长的地方，两人无奈地分开。

就这样，晓云走上了漫漫相亲路。相较于难以实现的邂逅，相亲是认识异性的捷径。如果你的运气足够好，你能够在最短的时间里见到很多与你有可能发展出恋情的男子。当然，尴尬的是，因为两人见面的时候似乎已经有了向结婚迈进的预设，见面难免变成一种互相权衡对方斤两的过程。

2

陈志坐在晓云对面，妩媚地笑了一下：“我来点菜吧！”晓云觉得实在太搞笑了，陈志是一个毫无女性气质的男生，胖嘟嘟的身材，头特别大，笑起来却显得特别妩媚。

问题出在哪里呢？晓云悄悄地琢磨了一下陈志的面孔，他的眼睛很大，双眼皮像割过的一样分明，大鼻头下面有薄薄的嘴唇……笑起来，嘴唇向上弯，一边一个小酒窝。

一对酒窝长在一个女生的小脸上，可为她的美貌加不少分，可是，这么娇俏的酒窝长在一个不修边幅的男性的大脸上，晓云觉得这实在是上帝在开玩笑。

陈志是一个中学教师，教地理课，他是晓云的第一个相亲对象。晓云对他最深的印象是他爱吃羊蝎子。第一次见面，当菜上齐的时候，晓云惊愕地发现桌上竖起了三个锅，有一锅牛蛙，一锅番茄豆腐汤，还有一锅羊蝎子。“这么多，我们吃得完吗？”晓云很犯愁地说。

陈志撸起袖子，呵呵一乐：“放心吧！”在接下来的时间里，他们聊了什么她已经忘记了，她只记得陈志有条不紊地吃三个锅里的东西。晓云觉得羊蝎子是很可怕的食物，陈志吃惊地瞪着她：“多好吃啊！”他夹了羊蝎子到自己的碗中，用手捏着骨头就啃了起来，吃得啧啧有声。

吃得差不多了，陈志满足地叹息一声，放下筷子，拿起桌上的餐巾纸，先取下眼镜，把脸上冒出的油汗从上到下擦了一遍，然后又用同一张纸，细细地擦自己胖手指上的油，一根指头一根指头地擦……看到晓云忍着笑看他的样子，陈志妩媚地又笑了一下：“我吃饱了！我们走吧。”

陈志站起身来，把搭在椅子上的包带往身上一挂，包垂在他的肚子前面，随着他的步伐有节奏地晃动。如果有一个像陈志这样的朋友，那应该还蛮不错的，有他在的话，吃饭一定都吃得很香，他对食物的热情能感染别人，会让人觉得天底下再没有比面前的这根羊骨头更美好的事物了。但是要做男朋友，实在是提不起多少兴致啊。

原本晓云还有点紧张，但看到陈志那么放松，便也放松下来，两人在餐桌上几乎一直都是在聊食物，把八辈子吃过的东西都聊了一遍。

后来，他们又相约着一起吃了几顿饭，但也无疾而终，可能因为两个人都感觉出对方只是把自己当作一个普通朋友。可毕竟是相亲对象，其实还是会有点隔膜，不能像真正的朋友那样畅所欲言。等到晓云觉得两个人可以心无芥蒂地聊天的时候，她半开玩笑地问陈志为什么没有看上自己？

陈志把嘴轻轻一撇，笑着说："我比你年纪大，相亲经历多，早就看穿你们这样的姑娘了！""我们这样的姑娘怎么了？"晓云心里生出一丝反感，口气很冲地反问。

陈志说："你们这样的姑娘，年纪不小，但还不是很大，还活在一个还没开始就会想到很远的将来的状态里，总怕自己选错爱错，都会很矜持地抱着要不就算了吧的心情。"

晓云心里觉得他说得对，但也不服气地想："你也不想想自己，这么不修边幅，衣服都没有学会穿整齐，估计永远都不会穿整齐，我想到这一点，实在对您爱不起来！"

"像你这种还抱着小女孩幻想的女生，是不会看上我这种经济适用男的。"陈志话虽这么说，但也一副不以为意的样子。他今年 33 岁了，但社会对男人的年龄宽容得多，况且在雄性世界里，33 岁绝对比 23

岁有市场得多。

后来，晓云与比自己大的已婚女性朋友聊起陈志，那个姐姐说："等你结婚了就知道了，无论外表多光鲜的男人，在家里照样是抠脚丫抠鼻孔……"

无论如何，陈志这样一个无色无味的男生，增加了晓云对相亲的好感，而且时间过得愈久，她愈感到陈志说得对，自己太爱焦虑和恐慌了，总是对根本没法控制的未来担忧，把压根儿还一点影都没有的事情想得特别多特别远。其实，每一份心动或者好意都来之不易。

3

朋友帮晓云注册了一家婚恋网，替她写下一段很平凡的自我介绍："喜欢阅读、音乐和旅游，相信平平淡淡才是真。"只有不多的人加她为好友，而且多半会发来私信说："能传一张你的照片给我吗？"

怎么大家都这么注重外表？晓云很垂头丧气，但是朋友反问她："你自己不一样是视觉系女生吗？"所谓视觉系，就是说极其注重对方的外表。晓云经常和这个朋友一起看韩国电视剧，对着裴勇俊、宋承宪那样的帅哥掉口水。

朋友从晓云的相片里挑了一张温婉的发了上去，果然一下子就收到了很多来信。晓云想找一个属虎的，于是她看到了吴昊的来信，只是简简单单的几个字："你好？能认识你吗？"

晓云无所谓地回复了一句："好啊！"他发来了他的QQ，他们在

QQ 上聊了一下，当天他就要请她吃饭。晓云吓了一跳，这个人不是变态就是超级自信吧？她推托了一下，心里却有强烈的好奇，就答应改在下周见面。

晓云特意选了一件粉色的针织短袖上衣和一条百褶裙，针织衫是最能显示女性身材的衣服，可以把女性柔美的身段展露无遗，可是又不适合那些胸特别大的女生，她们穿上会显得很臃肿。还有一个原因是，晓云这件粉色针织衫是她的一个万人迷女朋友陪她去买的，万人迷说："这件适合约会男朋友的时候穿。"晓云对自己穿衣服不是很有自信，虽然那个时候她还没有男朋友，但把万人迷的这句话悄悄记在心底了。

时间约在晚上 7 点，地点在他们两个人的公司的中间地段。晓云是一个特别守时的女孩，她提前十分钟到了约定地点，这样她就可以先去附近商场的卫生间检查一下，妆容是否有乱。

谁知道那位先生 7 点 15 分了还没到，打电话过去问，他语气里也没有听出来抱歉，只说："我还在半路上，路上太堵了！"晓云心里虽然不高兴，但也能理解他，现在还是下班高峰时期。谁知一个小时过去，他还没到，晓云气得要晕过去了，打电话过去说："我还有一点事情，我们下次再见吧！"

对方连连道歉，说自己 5 分钟之内一定能到。晓云虽然满腔怒火，但她是一个生性柔弱善良的女生，经对方一劝，就只好答应了。他果然在 5 分钟之内赶到了，额头上都是汗，说自己是跳下出租车，跑过来的。

晓云快速地打量了一下他，他穿一件天蓝色的衬衣，扣子竟然扣到最上面的一颗，看起来干净利落，又踏实可靠的样子。脸上的五官也很端正，笑起来一副胸有成竹的样子，但不会让人觉得讨厌，而且眉宇间颇有几分帅气，晓云觉得刚才的不快都烟消云散了。

他告诉晓云，他是电视台的编导，因为电视台里的人都是自由散漫惯了的，而且经常加班熬夜，不知不觉就混成了大龄男青年。吃饭的时候，他给晓云说了很多做媒体的趣事，让晓云觉得特别新鲜。

吃完饭之后，两个人还跑到电影院去看了电影，虽然不是很好看，但晓云也心跳得有点快。临别的时候，吴昊对晓云说："你今天穿的衣服很好看。"晓云羞得脸红，但第二天就跑到商场去买了好几件针织衫，而且这之后，她一看到针织衫就忍不住想买，直到现在，衣柜里还有好多长长短短的各种针织衫呢。

4

两人有一搭没一搭地继续在网上聊天，晓云觉得自己好像爱上他了，一天不和他发几个短信或者在网上说几句话就难受，可是他就是再也没主动约过她了，也没有不理她，而是继续和她通过手机或者网络沟通，有时候还发几句让晓云耳热的话。

晓云决定主动约他出来吃饭，她费尽心思地在网上找浪漫的餐馆，给他发短信说回请他吃饭，他爽快地答应了，还是海阔天空地给她说笑话，讲他工作中遇到的趣事。饭后，他仍然是礼貌地送她回家，没有任何举动。

难道他性格内向？不像是那种木讷的人啊。难道他不喜欢我，他还是很喜欢和我聊天的啊——晓云在家胡思乱想，烦恼不堪。可是想到吴昊温暖的笑容，她又心软了，决定无论如何也要多坚持一段时间。可能是因为他们电视台工作太忙吧，晓云这样向自己解释。她特意跑去问在电视台工作的女朋友，她灰头土脸地看她一眼："电视台，女的当男的使，男的当牲口使！"晓云一听这话，心里顿时有些心疼，当然心疼的是吴昊。

女人见色忘友的本事绝不比男人差，而且大部分男人只会在最初追一个女人的时候一切以她为中心，等到得到她之后，就立马工作第一或者玩乐第一。女人一开始还端着架子，并且念念不忘自己的女朋友们，一旦认定了一个男人，就会持久不变地以相公为中心，不知道这是生理差异还是几千年的父权夫权思想余毒。

总而言之，晓云一点都不责怪吴昊的轻慢了，反而坚定了要对他更好一些的决心。同时她还禁不住感叹：我这样一个贤惠的女生，多适合娶回家当老婆啊！

5

晓云跑到商场为吴昊买了一件外套，甜滋滋地想象着他穿在身上的样子。售货员问："给男朋友买的啊？"晓云张口结舌、脸红耳赤地说："嗯，还不是……"售货员阿姨露出一副见怪不怪的样子："要抓紧啦！现在的社会，剩女好多！"

晓云气死了，竟然连中年售货员阿姨也知道"剩女"这个词！这种强烈歧视色彩的词，简直在说残汤剩饭，我们招惹谁了，要被冠上这种糟糕的帽子！

晓云气呼呼地拿着衣服跑到商场的地下一层去喝咖啡，邻桌坐着两个中年妇女，其中一个说："我女儿都20了，怎么还不开始思春？我好担心，她会不会是变态？""不会不会，我觉得晚婚好一点，这样才不会头脑冲动，跟我一样，生了儿子之后我的一生就结束了。"

听她们认真地说这些话，晓云实在憋不住笑，咖啡只喝了一半就赶快起身离开了。晚上回到家，她拿着手机酝酿了两个小时，终于还是忍不住给他发了一个短信："我觉得我好像开始喜欢你了呢！"

吴昊很快就回了短信：呵呵加上一个笑脸。

这是什么意思嘛？晓云很委屈地给他发了一条短信："我不知道你对我的印象是怎样的？"她等了很长时间，他才回复说："我也挺喜欢你的呀，但是咱们还没到谈婚论嫁那一步，不是吗？"晓云赶紧回复说："我不是这个意思！我也根本没想过结婚的事情呢！你周末有空吗？"她又等了很长时间，才收到他的回复："最近真的太忙了！我们再约好吗？"

晓云想，他们电视台工作的人果然很忙啊！不知道他能不能正常吃饭呢。她惆怅地跟电视台的那个闺蜜说起他，闺蜜说：你别傻了！别找媒体圈的男生，你都不知道这个圈子里的男生有多花！而且这个圈子里美女又多，他们特别容易受到诱惑。而且你看他对你的那态度，显然他就还没有真的爱上你。

可是晓云又想起陈志说的那句话，太容易放弃的女人，永远也不会得到幸福吧。最大的压力还是来自妈妈，她简直把女儿嫁不出去当作一个巨大耻辱，当听说了吴昊的事情，她嚷嚷起来："你还等什么？你年纪多大了，你知道吗？你已经不是20出头的小姑娘了，现在能找到精英男生愿意与你交往已经很难得了。"

"可是，光我自己起劲有什么用呢？说不定他没有看上我。"妈妈说："你不要习惯性地去找自己的缺点，你这是自卑。"晓云的妈妈是一个漂亮的女人，可惜晓云中和了爸爸的平凡相貌，长成了一个貌不惊人的女生。"其实仔细看一看，你还长得挺耐看的！"妈妈总对她这么说，不知道是表扬还是安慰。

晓云的另外一个闺蜜也劝她："他肯定是一个性格内向的人，那些在现实生活中有很多女伴的人才不会去上征友网站，他可能是那种只有在网上才能活泼的人吧。"

6

外套在晓云的衣橱里放了好几天，天气突然加速朝夏天进军，两个人还是不咸不淡地在网上聊天，晓云着急了，打算把外套送给表弟算了，免得放在衣柜里每天看着闹心，还生怕被妈妈发现了。这时候，他发来短信，邀请她一起吃饭。

晓云跑到她所能承受的最贵的理发店去剪了头发，虽然说新剪头发三天丑，但是不知道为什么，女人一旦打算开始约会，就开始看自己的头发百般不顺眼，而又不能随便找个理发师——如果买了件难看的衣服，还可以不穿，把头发剪坏了，那可了不得，你得很长时间都顶着一头奇怪的发型，傻到极点！能严重挫伤人的自尊心。晓云本身就是一个不自信的人，所以她总是竭尽所能地去最贵的理发店理发。

吴昊还是像以往那样热情、健谈，把晓云逗得哈哈大笑，她越看吴昊越觉得喜欢，因为没有哪一个男孩子能够让她笑得那么开心，世界上还有比开心更好的事情吗？

只是，吴昊与她见面的两个小时内发了五六次短信，晓云心里酸溜溜的，故作调皮地问："女朋友发给你的呀？"他竟然还脸一红："是工作的事情！"晓云心里一阵欢喜：现在还有会脸红的男生啊！晓云没有想到的是，他脸红可能是因为他心虚了。

"这一次该牵手了吧。"晓云吃饭的时候和他喝了一点酒，头脑有些晕乎乎的，走出门的时候她这样想，真希望突然有一个摩托党的坏小子呼啸过来抢她的包，然后他奋勇地把她拉进自己的怀里……就算丢了这个价值不菲的包，也值得啊！晓云后来这样描述自己当时的心理活动。

他的手突然伸出来抓住她的胳膊："还是红灯呢！稍等一下！你走路经常这样乱走的吗？"晓云抬头一看，自己晕头晕脑地竟然不看红灯就走。但是他马上就把手放下来了。两个人一边走一边聊，天南海北，唯独没有聊感情。

临走的时候，晓云拿出外套送给他，他明显露出深受感动的样子。

过了几天，吴昊又约晓云去看电影，看《机器人总动员》，晓云脱口而出说，我看过了！他一愣，说："那好吧！"匆匆聊了几句就挂了，晓云肠子都快悔青了，尤其是这之后一个多星期，他都没有跟她联系。

晓云想跟他联系，又怕他不回复，导致自己内心有挫败感，影响他和她之间的感情——如果可以称之为感情的话。他怎么就不能主动点呢？晓云觉得自己快要急死了。

7

一周之后，晓云突然接到一个陌生的电话，是一个女孩，说想见见她。晓云带着满腹狐疑，去赴了这个约会，她是一个只有23岁的女孩，头发卷卷的，有点小可爱的模样。

女孩说："我是从吴昊的手机上看到你的号码的。"晓云心头一沉，脸上肌肉有些僵硬："哦！"内心开始疯狂地回忆自己给他发过的那些短信，还好没有特别肉麻的，都是一些小贴心的叮咛，大不了心一横说是普通朋友之间的关心吧。但是，她是谁？

女孩说："对不起，我太冒昧了，把你找出来。但是我实在不知道怎么办了。"晓云一直说不出来什么话，任由女孩一个人在那絮絮叨叨，原来她和吴昊也是在网上认识的，他们已经断断续续地相处了一年的时间，偶尔吃吃饭或者看看电影。但是吴昊从来都不给她明确的表示——就像对我一样，晓云心里苦笑了一下。

女孩说她有一次忍不住，偷窥了吴昊的短信，看到收件箱里有好些信息都是晓云发过来的，她想，大概晓云是吴昊最好的朋友，所以，她找晓云来是想让她帮自己参谋参谋，吴昊到底是怎么想的？

晓云有些火大，但还是强忍着内心的郁愤，真诚地对那个女孩说，如果你真的喜欢她，那你不要放弃，你还年轻，你应该追求自己的幸福，最重要的是，你等得起，你就算是蹉跎个一两年，仍然是年轻女孩子。女孩吐舌一笑：再蹉跎两年，我也是老姑娘啦！晓云心里恨恨地，但假装毫不介意地笑："那这么说，我早就是老姑娘啦！"

后来，女孩竟然问她："你和吴昊到底是什么关系呢？"晓云心头一惊，韩剧里说，世界上只有三样东西无法掩饰：咳嗽，穷和爱。可能是女性的直觉让她意识到了吴昊和晓云的关系不一般。晓云故作潇洒地笑一笑："普通朋友关系。"

晓云在见过女孩之后，内心痛苦地往家走，吴昊一直与自己不明不白，大约是在女孩和自己之间犹豫和选择，而他轻易不肯对自己和女孩许下承诺，大概也算是负责任的态度吧。

闺蜜们可没有晓云这么善良，她们一针见血地指出：他就是把你当后备，他根本不爱你！

晓云打开QQ，看到吴昊在线，决定不再胡思乱想，就对他说："你能跟我说说你的真实想法吗？你是把我当作备胎吗？"吴昊："备胎这个说法，不太好吧。我还没想好。"晓云说自己当时真是眼圈马上就红了，过往的种种都浮现出来，并且马上变成委屈的自我责备："我知道我自己不够漂亮，不够完美……"吴昊说："你想太多啦！"晓云就把23岁女孩找她的事情说了出来，还假装落落大方地说："如果你真心喜欢的是她，那么我真诚地祝福你们！"

"不是像你想的那样。再给我一些时间好吗？感情其实还是水到渠成比较好。"吴昊这么说了之后，晓云又任由着一股冲劲往下说："我和她碰到的都是同样的问题。不管怎样，我希望你对那个女孩子好一点，喜欢她的话就把她当作女朋友，如果你真不喜欢她的话，就直接和她说吧。”吴昊没有回应，晓云默认为他不高兴了，后悔自己不该用这种气话来说他，好像要把他拒之千里之外似的。

自认是温柔贤惠的晓云，心中其实有一个比较坚定的想法：两个人相处，最后拼的都是性格。作为一个性格很好的女生，应该能够找到她的幸福的吧。

但是让这个男人对自己心动怎么就那么难呢？在过去交往的经历中，晓云一直都特别懂事地为他着想，出去吃饭也绝不点贵的东西，一定要替他省钱，平常还总是想着要给他送一点什么礼物才好。而且，晓云虽然谈不上特别聪明，但工作能力也一直都不差，已经自力更生地买了一套小公寓……可是，性格和能力真的不能在男女关系中加分吗？女人就是被外表定义的吗？

8

为了刺激吴昊，晓云故意把别人发给她的情诗给他看，那首情诗里藏有她的名字。

恋爱世界里几乎有一个永恒的手段，当A得不到B的爱的时候，A就会想方设法地让B知道，虽然B你不喜欢我，但是C喜欢我呢。这种做法，不知道是为了维护自尊心，还是要给B施加压力。晓云心里鄙视这种行为，觉得这是很龌龊的一种做法，而且把不相干的人对你的好意当作了砝码……谁知道，自己被逼急了竟然也使出这一招。

更让她糟心的是，吴昊只是回复了一个笑脸，晓云的这个行为，就好像肉包子扔给了狗，拳头打在棉花上。她一气之下，真的跟着 C 出去约会了几次，不久之前当她确认自己喜欢上了 B 之后，完全拒绝了其他人的追求，否则就觉得自己好像背叛了 B 一样。

C 本姓张，是一个所有人看来都会觉得不错的交往对象，他在一个商贸公司工作，已经进入了中层，是一个智商和情商都很高的男生，最重要的是，张先生对晓云很主动，积极地给她送花，常常打电话约她见面，而且百折不挠。其实晓云和他也很谈得来，但是她觉得张的世俗气太重，要参加很多应酬，有一次还跟晓云说，他们去外地出差的时候，地陪断然是要带他们去 KTV，而 KTV 是绝对有小姐的，每个男人身边都会有小姐敬酒……

晓云大吃一惊，觉得这实在太下三滥了，可张跟她说这些的时候，毫不避讳，还笑她天真，说这是常见的社会现象。“那你呢？你也叫小姐陪吗？”晓云问，张说：“当然了，不然地陪会不高兴的。”从那以后，晓云想起张，就好像看到张坐在灯红酒绿的 KTV 包间里，身边坐一个妖艳的小姐……就觉得很污秽，不可忍受。

当然，除了太世俗之外，张的身上也找不出别的什么过分的缺点，晓云不是没想过，如果她没有遇到吴昊，她可能就会考虑张了，但是和张在一起，总是没有和吴昊在一起的那种心微微颤动的感觉，而且吴昊看起来是阳光大男孩，张的身上却充满了成年男人的气息，而这种形象的男人，是晓云从小跟着爸爸去应酬时常常遇见的叔叔，晓云和张交往，就潜意识里觉得在跟那些叔叔谈恋爱。

张显然比吴昊有钱多了，但是有钱又怎样呢？幸福不是靠金钱来实现的，晓云觉得爱人的一个温柔眼神比一块名表有价值多了！

闺蜜们大约是觉得晓云不可救药了，也不再在她面前抨击吴昊，而是开始给她出谋划策起来，世界上最没有原则、最容易改弦更张的就是闺蜜吧！

闺蜜们建议她还是要适当地主动出击，要学会说一下暧昧的话，不要总是硬邦邦地或者酸溜溜地说一些没自信的话，这些都会引起男人的反感，会觉得你是在以退为进地施展压力。而且，不能总是乏味地吃饭或者看电影，应该制造更长时间的相处，比如两个人一起出去玩个一两天，如果氛围足够浪漫，他说不定就会牵她的手了，就像张宇唱的：只怪月色太温柔……

晓云决定实践姐妹们的建议，心里一直骂自己：奶奶的，又不是小女孩了，又不是没有谈过恋爱！

趁着夜色，晓云悄悄地伸手过去挽住了他的胳膊，他竟然也很自然地一直笑，晓云觉得幸福死了，干脆直率地问他：“你爱我吗？”“爱啊！”“那我们什么时候能够开始正式谈恋爱啊？”“再给我一点时间。”没想到他这样回答，虽然是笑嘻嘻的。晓云一下子就把手从他的肘弯里抽了出来。

晚上回到家里，妈妈又追问了他们的进展，忧虑地说：“我今天给你算命了，人家说你会晚婚，但现在年纪这么大了，还能有多晚？”妈妈又不耐烦地说：“你还挑什么啊？你都跟人家交往那么久了，怎么还不带回来给我看？”“不是我挑他，是他挑我！”晓云大声地喊道。

晓云觉得太委屈了，好像是她不够努力似的，又想起小时候因为成绩不够好，被妈妈责骂的事情。

接下来好几次，吴昊又约晓云吃了几顿饭，可是每次他都不会主动对晓云有亲昵的举动，晓云也觉得意兴阑珊，心里不再惦念着要去牵他的手之类的了。网上有人写过：“如果一个男人和一个女人坐在一起，对她没有表现出非分之想，说明他对她没有感觉。”原来，男人的咸猪手，在某种时期是对女人魅力的赞美——这可是晓云在学校念书时绝不知道也不会相信的话。

学校里没有学到的另外一课是，女人要学会展示自己的身体。有一天晓云和一个备受男人欢迎的女朋友出去吃饭，女朋友穿得很暴露，酥胸微露，裙子也短得很！晓云大惊小怪地看着她：“你未免也太熟女了！”女朋友从头到尾把晓云打量了一番：“你太保守了，怎么离开学校这么多年，打扮风格一点变化都没有！太端庄的女生，男人都提不起兴趣的，会觉得你是假正经，没有情趣。”“难道心灵美不是最重要的吗？”晓云问，自己都觉得自己傻呼呼的。

“爱情和友谊的区别，就是相爱的男女之间会情不自禁地有身体接触，非常动物性、非常直觉的一种冲动，如果没有这种冲动，或者失去了这种冲动，那就是友谊了。你没听陈奕迅的歌《十年》里唱的吗，他说十年之后，我们是朋友，还可以问候，只是那种温柔再也找不到拥抱的理由，情人最后难免沦为朋友。沦为！你听到没有，用的是沦为这个词！”

作为一个大龄单身女青年，晓云觉得自己已经没有时间去质疑女朋友的说法了，她只想快快地实践所有看起来可能有效的方法，就好像病急乱投医一样。

但是在她还没来得及转化成风骚女人的时候，晓云就发现，吴昊其实还每天都上那个交友网，就是他们相识的那个网站，而且可以看出他又结交了不少新朋友。更致命一击的是，那个23岁的女孩又跑到网上来跟她聊天，跟她细细地讲他们交往的故事，比如他主动拉了他的手，还抱了抱她，可就是不肯给她承诺。

晓云的眼泪一下子就爆出来了，他主动拉了她的手！而他从来没有主动地拉过自己的手，那些有限的亲昵动作都是自己主动依附上去的，本来以为别人跟自己一样是被当作候补队员，原来自己比她还排在靠后的一位！

晓云给他发短信："你干脆冷酷到底，直接告诉我，你不爱我吧！"吴昊回复说："如果是这样，我会告诉你，但是事实并非如此！"晓云觉得自己彻底服输了，暧昧男啊暧昧男！

但是晓云又执迷不悟地相信，他的不承诺，他的暧昧，说明他是一个有责任心的男人，如果他结婚了遇到勾引他出轨的对象，估计也不会轻易就范吧，想想她又不由得安心了一些。朋友都说晓云傻，太不实际。

后来，吴昊又打电话来约晓云，晓云心里虽有百般不舍，还是故作冷漠地拒绝了，放下电话之后又心如刀绞。晓云觉得自己已经放下了九分感情，只有一份感情还陷在里面，她默默在心底对自己实施了最严酷的鄙视，最强烈的谴责，最不堪的辱骂，却竟然还是无法全身而退……

没有比成年之后去当学生更考验人的意志力的事情了，你没有任何固定的社会网络，成败未卜的生活让人变得容易敏感和焦虑，赵荔怀疑这是自己这些年来恋爱未遂的原因。

既然已经女博士

1

赵荔最痛恨的事情，就是月末回父母家。每次快走到父母住的那个小区，她就觉得抬不起头来，但还得用余光四处打量，看是否有人经过——在这个老社区里住的几乎都是父母的同事，说起来都是看着赵荔长大的那种。赵荔从小就腻烦跟妈妈出门，因为她从出门下楼梯到走出小区的大门，都在不停地碰到熟人，随便寒暄几句就能耗去 10 分钟的时间，更不要说碰到那种话痨的女人。

从念硕士研究生开始，赵荔终于争取到搬出去住的权利，说是要住到学校的宿舍里，实际上她是在学校附近租了一个房子，终于有了独居的空间。她恨透了活在别人目光下的感觉，不光是吃睡都要受到父母的干涉，学习成绩和交友还要受左邻右舍的“关怀”，最可恶的事情当然是父母之间盛行的攀比之风。

赵荔从小学习成绩不错，但也算不上特别优异，隔壁的王慧成绩却特别好，王慧她妈每次拿到成绩单都假装不经意地跑到赵荔她妈面前来炫耀一把，赵荔她妈那几天就心情特别黯淡，没事找事地把火撒在自己的女儿身上。

王慧考上大学之后，三天两头地换男朋友，似乎她对学习的兴趣已经在大学之前全部耗光。中国的学生，从小就受制于高考的紧箍咒，把考大学当成终极目标。待到考上大学，发现大学老师根本不会像中学老师那样婆婆妈妈地管束你，学习神经一下子就松懈了。赵荔比较迟钝一些，仍然慢吞吞地继续保持中学时的学习劲头。虽然并没有特别用功，成绩竟然一路遥遥领先，年年拿奖学金。

赵荔的妈妈得意了一整年，女儿的学习成绩终于比王慧强了！但好景不长，她发现王慧的妈妈突然又“抖”了起来，整天吹嘘说自己女儿的男朋友家里多么地有财有势……慢慢地，赵荔她妈也感悟到了，年轻人毕业之后能否找到好工作，跟你的大学成绩只有微弱的关系……

赵荔她妈便开始整天逼着赵荔谈恋爱。中国的父母也真是天真得可笑，孩子一出生，就恨不得他（她）是个学习天才，孩子长大之后，就又盼望他（她）是恋爱天才——孰不知，这两项本事都是训练来的。

赵荔从小活在王慧的阴影之下，喜欢缩在自己的小角落里自得其乐，加上从未住过校，放学就回家吃饭，缺乏与男孩子打交道的经验。上大学之后，被压抑的天性得到了一定的舒展，但是和其他那些仿佛一夜之间就懂得化妆打扮、精于男女之爱的女同学比较起来，她总是显得像个“麻瓜”。

王慧毕业之后，就风风光光地和一个高干子弟结婚了，可是没过两年，她又离婚了——她的公公因贪污案曝光，锒铛入狱，她丈夫本来就是依赖父母的浪荡公子，一下子落魄得厉害。王慧又搬回去和父母住了一阵，但仍不妨碍她不停地谈恋爱……虽然小区里的其他人都免不了在背后指指点点，王慧妈妈虽然不像以前那样见谁都吹嘘一番，但依然勇猛地保持着她傲然自得的姿态，整天拎着不知真假的名牌包和女儿嘻嘻哈哈地逛街。

赵荔和王慧同岁，别人在指指点点王慧的时候，总是要拿赵荔来当垫背，一面貌似赞扬地说："还是小荔乖巧，都读研究生了，也不随便交往男孩子，是个正派孩子！"一面又嘀嘀咕咕："小荔也不小了，这学历越来越高，该嫁人了！"赵荔她妈也雪上加霜，常常对赵荔说："你瞧人家王慧，连婚都离过了！眼看又要再婚了！你赶紧给我找个男朋友回来，就算是结婚了离婚都比现在要好！"赵荔觉得她妈简直不可理喻到了极点，但一个月回一次家也是她身为女儿的义务。

赵荔从小是一个有礼貌的孩子，每次见到熟人都跟他们打招呼，这些熟人现在都变成了退休或半退休的闲人，整天在小区附近溜达。赵荔每次跟他们打完招呼，都听到他们在背后低声地议论她，有时候还会遇见耻笑的目光。渐渐地，赵荔跟谁也不打招呼了，低着头冷着脸快速溜进父母家，那些人却又在她父母面前说她变得没礼貌了。被父母批评后，赵荔想出于礼貌跟他们打招呼，可是想起他们的闲话和眼色，又觉得跟他们说话好累，而且还怕他们冷笑着说："怎么以前不跟我们说话，现在又愿意跟我们说话了啊！"

赵荔硕士研究生毕业之后，考上了国家公务员，让家里人还比较满意，但是她每天待在那个死气沉沉的办公室里，觉得自己要闷出病来。三年之后，她瞒着父母悄悄报考了博士研究生，父母虽然气她放弃铁饭碗，但读书毕竟也不是坏事，加上赵荔也安慰他们说，她打算毕业之后找个高校去当老师。这是父母最希望孩子拥有的工作类型之一了，她妈妈便半是自豪半是哀愁地接纳了她的这个决定，逢人问起就说自己的女儿将来是要留校的。

赵荔从一开始就知道，留校是一件特别不容易的事情。现在学校都扩招了，包括博士生在内，想留校的博士生一大把，如果你没有出类拔萃的能力或者八面玲珑的社交能力是留不下来的。但是她不能把这种情况告诉父母，他们帮不上任何忙，只可能增加他们的痛苦。

2

同学曾经给赵荔取了一个绰号，叫古墓派教主。博士生的课很少，所以赵荔见到同学的时候也很少，而且其他同学好像都很忙，几乎很少在校园里出现。于是，赵荔进入了更加彻底的独居生活。

独居的时候，她多半活在自己的内心。她不像那些一旦失去约束就晨昏颠倒的人，她过着相对规律的生活，这是父母多年来言传身教造成的品性。她就像领配给一样，每月回父母家拿几盒维生素片，她也的确乖乖地按时服用——既是惯性，也因为她暗中有一点希望这些小药丸能够让她保持健康，以及活力，她不想还什么都没有经历就病倒。

周一到周五，她到学校的大食堂吃饭。不回父母家的周末，她自己在家做饭，她最大的乐趣其实是看各种美食博客，然后借鉴博主的经验，进行她自己的实践。有时候，有人找她倾诉人生烦恼，她就会把自己收藏的一百多个菜博给对方发过去，建议他（她）做一顿饭给自己或者朋友吃，反正她自己从中得到了很多很多的乐趣。电视开着当背景声，她在厨房里忙活，锅碗瓢盆碰得叮当作响，菜倒到热油锅里发出“嗤”的一声响，这些都让赵荔有特别充实的幸福感。

心情好的时候，赵荔会去图书馆借很多书，泡一壶酽酽的普洱茶，切一盘水果淋上酸奶放在一边，她窝在沙发上，专心致志地看书，天冷的时候还故意盖一条毯子在腿上，想象自己是英国电影里气质端正的老妇人。天热的时候就坐在地上，大剌剌地摊开四肢，心满意足地想：就这样一个人生活下去，有何不可呢？

她的物质需求很低很低，她每个月有几百块钱的补助，加上以前工作时留下不多的积蓄，她竟然还存够钱去买了一个古筝，上了一个培训班。与其疲于奔命地挣钱去过一种奢靡的生活，不如让自己成为一个无欲无求的人，如此才能获得真正的自由感。不是有过这样一句话吗，每天少喝一杯星巴克的咖啡就可以提前几年退休。当你占有得越多，被占有得就越多。华尔街海啸的时候，据说最惨的是那些平时被高薪厚禄养着的人，他们日常消耗太大，要支付高昂的费用供家里的孩子和狗生活，高级的车子与宽敞的豪宅也在大力吸他们的血，他们已经习惯了这种挥霍浪费的生活，改变人的生活习惯是痛苦的事情，尤其是谁都知道的那句话，由俭入奢易，由奢入俭难。

有一天夜晚，她慢慢地在校园附近散步，看到一个中年女人推着一个老太太坐在路边的花坛歇息，老太太看起来已经神志不清了，中年女人对着老太太大声地说："勇者无敌！"（后来知道，这是当时正在播出的一个电视剧的名字）赵荔觉得太逗了，忍不住笑了出来。她想象那个老太太是她妈，她是那个中年女人，她觉得又慌张又心安。以至于那个月底，她回家听到妈妈不停地唠叨她，她心里不仅不觉得烦扰，反而有一种强烈的安定感。她异常好脾气地听妈妈絮叨，妈妈竟然也感受到了她的安宁……那个周末，妈妈显得特别慈祥，母女俩还笑嘻嘻地一起看电视剧。

但是，当你以为你已经戒掉了焦虑，它在外面逛了一圈之后竟然又偷偷地仄摸进来。赵荔在这种时候会大声地唱歌，唱节奏明快的歌，想把忧郁赶走，但它很快就不再受骗，非常顽固地住下来。赵荔发觉自己的耳朵变得能够敏锐地捕捉到任何一丝细微的声响，包括水在暖气管里流动的声音，竟然也能干扰她的神经……所有曾经吸引过她的书，都引不起她的兴趣，清醒过来的时候发现自己满脸眼泪；深更半夜睡不着起来用力拖地，把地板拖了10遍之后还像个侦探一样四处寻找没有清理到的死角。

更糟糕的时候是，早晨，她被焦虑感折磨得不想起床，到了晚上又因为自责迟迟不愿上床休息，两眼痴呆地在网上东翻西翻，一直不停地看各种娱乐节目和电影，或者好滥不分地听音乐。

这两种状态在赵荔的生活中交替出现，但是她非常得意的是，她学会了自己修理电脑——当然仅限于杀毒或者重装电脑，学会了修锁、换电灯泡……即便是有老鼠、蟑螂出现，她也从只会尖叫变成了围追堵杀的好手。小区物业的办公人员是她最熟悉、最热爱的一群人，家里需要男人干的那些活，都可以托付给他们，如果来了小偷，你也可以马上理直气壮地打电话给他们求助。

3

赵荔其实谈过几次短暂的恋爱，只不过都是除了当事人之外，其他人都不知道而已。

李晓是赵荔的高中同学，大四的最后一年，大家都忙着毕业，没有谈过恋爱的人也都拼命地寻找恋爱机会，就像要抓住青春的尾巴一样。不知道为什么大家都有一种恐慌，觉得唯有校园里发生的恋爱才是清纯的恋情，人在走入社会之后，情感也会变得市侩起来。

李晓突然出现在赵荔的学校，他们在高中毕业之后就没见过了，李晓考入的是另外一所学校。李晓约赵荔出去吃了几顿饭，叙了叙旧，回到两人的母校去转了一转，两个人在中学里都是默默无闻的人物，互相找不到可谈的话题，就一个劲儿地围着学校里的那几个风云人物谈，赵荔觉得真没劲，就在这时候，李晓突然跟她表白了……这是她人生中遇到的第一个向她表白的男生。

赵荔不仅没有任何喜悦，反而升起轻微的厌倦感。她回到学校之后义正言辞地给他写了一封信，叫他不要再这样说了，否则连朋友都没得做。两人从此没联系。赵荔再一次听说李晓是在她 28 岁的时候，中学同学聚会，有人说起李晓，原来他毕业不久就进了一家外企，常常被派驻国外，经人介绍认识了一个姑娘，两个人已经有了一个两岁的孩子，据说李晓不仅事业上顺风顺水，而且对妻子特别好。有一个不久前见过他的女同学说："那小子现在帅多了，以前只觉得他长着一个鞋拔子脸，性格又轴，现在看起来还很有几分成熟的魅力呢。"

28 岁的赵荔已经经历了几次感情挫折，看待男人的眼光逐渐发生变化。那时候，李晓给她写信说："你如果愿意当我的女朋友，我就太幸福了！"赵荔觉得他这话说得又酸又软弱。可是现在……如果女人能够预测到男人未来的变化该多好！他李晓大约早就把她赵荔给忘了，他现在想的大概是：如果能预测到明天的股市行情就好了！

赵荔对于失去李晓的遗憾持续时间不长，李晓最多只是一个好的结婚对象而已，却不是她爱的那个人。她人生中如跳悬崖般的经历是她与朱瑜的感情。她认识朱瑜的时候，朱瑜已经结婚了。

朱瑜是她工作期间的同事，在那样一个死气沉沉的地方，她没有想到还会遇到朱瑜那样一个聪明机灵的男生。赵荔那时候每天的工作就是写写公文，翻译一点外文资料，中午休息的时候，她爱到机关大院里的鱼池那儿坐着，拿本书有一搭没一搭地看，朱瑜就是在这个时候这个地方认识她的。

后来他对她说：有一天，他正烦躁地坐在鱼池边发呆，突然看到赵荔走过来，脸上挂着一点无所依傍的笑容，他突然间觉得内心静了下来，像一个人把屏幕上满是雪花点、响着噪声的电视机啪地关掉了。接下来的事情是，他们顺其自然地好了。在那个人人为己，严肃守旧的地方，他们有一种同是天涯沦落人的知己感。

但不幸的是，朱瑜有一个妻子，而且正在怀孕期间，妻子那时候回到了娘家，被自己的父母好好地照顾着。白天，赵荔和朱瑜是互相假装客气相处的同事，到了晚上或者周末，两个人会相约着一起看电影或者吃饭。除了长长的拥抱，他们之间没有任何其他越轨的行为。她听到朱瑜的妻子打电话给他，或者别的同事向朱瑜恭喜他即将荣升父亲，她都嫉妒得发疯，可是没有任何办法。

朋友问她：你有什么人生愿望？

她说：我希望能和我爱的一个男人生活在一起。

朋友说：那你做了任何努力吗？

她说：没有……他有妻子。

朋友说：书上说了，世界上没有攻不破的婚姻，只有不够努力的小三。

赵荔失笑，承认自己不够努力。

朋友也是一个未嫁的女青年，叹口气说："唉，都把我们当单身公害，不是我们故意要这样，是因为和我们一样年纪的好男人，不是有男朋友，就是有老婆。"

4

很偶尔的情况，赵荔勉强去参加朋友的 Party，朋友大呼小叫地介绍到场的人，轮到赵荔了，朋友作出很隆重的姿态："她是博士哦！"立刻便能掀起一个小高潮，那些人似真似假地说："哇，好厉害！"像看外星人一样地看着她。

有的人还恭维她："你看起来真不像一个女博士！你打扮得挺时尚的呀。"赵荔总是羞得无地自容。而且，她不仅是女博士，还是30岁的大龄剩女。

媒体喜欢哗众取宠，动不动就报道一个类似于女博士猝死的新闻，弄得大家都认为女博士心理变态。其实，世界上猝死或者为情所困的人多了去了，不过是因为如果这事情发生在女博士身上，显得最有戏剧性，也最有新闻看点罢了。

Party上，有人引用崔健的话，说崔健一般只和27岁以下的女孩恋爱，因为27岁以上的女孩总是太缺乏安全感，而且总是让这种危机感败坏了恋爱的其他乐趣——这说法得到了在场男士的一致认同。

那像我这样一个30岁的女博士，岂不是重灾区、五保户？赵荔气得想发笑。所以她特别不愿意让别人知道她是一个博士，她总是刻意地解释，自己其实并不想去读博士，她只是愿意赖在学校里罢了。就好像她总是特意地去向别人强调："荔，荔枝的荔，不是美丽的丽！"

但大部分男人都笑着对她说："一个硕士，我还勉强消受得了；博士，呵呵……"赵荔后来也就看淡了，冲他们一笑："我们是第三类人呗！"

其实，现在最让赵荔头疼的是工作的问题。她对未来有恐慌感，起码现在她还没有一个可以让她依靠的男朋友或者丈夫，她必须自己养活自己。

研究生毕业的时候，工作已经不怎么好找了，现在过去了五六年的时间，人才市场到处都在上演“多收了三五斗”，一般的公司也不愿意要一个博士，因为他们需要的是从底层做起的人，博士不是不能忍辱负重，但双方都会感觉心里怪怪的，这是不能否认的事实。

导师整天敦促她发表论文，因为不在核心期刊发表论文就毕不了业，太多人眼巴巴地守着核心期刊那一亩三分地，据说还可以花钱买版面，但赵荔不认识什么人，又没钱，简直举告无门。当然，对比找工作，发论文还可以说是一件简单的事情。有男同学在 MSN 挂了条签名：“招保安吗？博士学历的要吗？”赵荔看得又好笑又心酸。她对自己的前途几乎都没有什么信心了，比本科毕业时还绝望，那个时候还兴致勃勃地指望着未来能过上每年到国外度假的中产阶级生活呢。

秋天的时候，市里举办了的一场专门针对高学历人士办的招聘会，赵荔没抱太大希望，不过是去探探路。但是，招聘会上大部分招聘岗位，跟针对本科毕业生的没什么区别，招聘的人志得意满地坐在椅子上，看一堆堆的硕士或者博士挤过来填表格。赵荔还看到了自己的本科同学，以前根本没有赵荔的成绩好，现在也安详自在地坐在招聘的座位上。

会场外，来参加招聘会的人扎堆聊天，要么是在幽愤地抱怨工作不好找，要么就是痛诉革命家史，说这几年被老板（其实指的是导师）当作廉价劳动力使了几年，还推迟了两年毕业，照样被扔到人才市场的滚滚肉流当中去。

既来之，则安之。赵荔不甘心就这么回去，她打算再看一看。有一个大公司的招聘台前，挤满了人。站在赵荔旁边的一个大高个男生带着满脸嘲讽的笑容，跟身边的几个女生说："嘿！瞧他们挤成这样。"说话间，两个女生满头大汗地从最前面挤了出来，一个说："要不是看在他们给的薪水不错的份上……"另一个说："简历都堆成一座山了，地上还有好多简历，唉！"

只见那个大男生三两下就冲进了人群，奋力地往台前挤，估计是"高薪"两个字刺激了他的肾上腺素。这时候人群突然骚动起来，原来是高个男生不小心踩到了好几个人的脚，大家互相推搡着，怨声顿起。大高个男生被几个人用力地推了一下，站立不稳，直接向赵荔倒过来，她还来不及退让和惊叫，斜刺里伸出一只手，稳稳地托住了大高个。

那只手的主人转过头来问赵荔："你还好吧？"赵荔感动得一塌糊涂，又惊魂未定，找工作的心思消失殆尽。两个人一起走出人才市场，干脆找了个花坛坐下来聊天。

他叫陈东，是即将毕业的硕士生，年纪比赵荔小三岁。但是因为他也有过工作的经历，加上长得比较老相，看起来并不觉得比赵荔年轻。陈东看了一眼赵荔的简历，没像其他人那样大惊小怪地说，哎呀博士哦！毕竟，他在学校见得最多的就是硕士和博士，想认识几个学历低于本科的人都难。

陈东不像其他男生那样，纠结于学历。他是一个有特别多兴趣爱好的人，而且是极端男性气质的爱好，比如军事、体育、模型……所以他看起来总是忙忙叨叨的。

赵荔的博士生活，过得像退休生活一样，这让她悟出一个道理：人一定得有一个强烈的兴趣爱好！在年轻的时候，人人都忙于工作挣钱，还没有什么感觉。但是等到进入老年，不再有工作能力或者说权利——现代社会极端崇拜年轻人，而且就算是年轻人，也很难找到工作啊——没有兴趣爱好的老年人会苍老得特别快，每天无所事事又没有信仰的生活，让他们的生命成了无源之水。所以，赵荔曾经暗下决心：一定要找那种拥有许多兴趣爱好的人，那样她和他的老年生活才不会乏味。

陈东有一天兴奋地跑来找赵荔，告诉她说他成立了一个工作室，专门“卖武器”！赵荔吓得不轻，听他解释之后才知道，他卖的是网上游戏里的武器，很多有钱的人既想要享受升级装备的快感，又不想费时费力地去“战斗”，就花真钱去买那些虚拟的金币。陈东研究生三年，游戏功力已经磨练得炉火纯青，他召集了几个在网上认识的游戏高手，专门在家打游戏，卖“装备”给有钱的人。

赵荔知道，如果把他带回家，再把他的职业一介绍，父母绝对要反对的，即便是自己，也并非不介意他比自己小 3 岁。赵荔总是希望，给父母看到自己最好的一面。除非是真正的结婚对象，她不想带去给父母看，而陈东也一直都觉得自己还年轻，更是全无结婚的心思。

5

赵荔觉得自己现在的人生课题相当复杂，既要迅速地积累资源又要赶快作出抉择。想要毕业就一定要发表论文，论文不管写得满不满意，一定要找刊物发表，刊物不必有影响力，只要是被国家评为核心期刊的就行，前不久，她就通过导师的关系发表了一篇论文在一个三流大学的刊物上，让她觉得自己的人生再也没有底限了，做学术的人要沉沦起来真是比谁都彻底。

博士课程眼看就要结束，赵荔觉得既悲哀又庆幸。没有比成年之后去当学生更考验人的意志力的事情了，你没有任何固定的社会网络，成败未卜的生活让人变得容易敏感和焦虑，赵荔怀疑这是自己这些年来恋爱未遂的原因，包括陈东，现在两个人还是保持着每周一起住一晚，打三次电话的频率，但赵荔明显感觉到自己并未全情投入。和陈东手拉手依偎在一起看电视的时候，赵荔总觉得有另外一个自己跳出来，浮到半空中冷眼打量沙发上的两个人：你们能这样一直到老吗？我这个年纪的人还能够谈这种前途不明的恋爱吗？

陈东说，他肯定不会再去读博士了，他觉得读博士更适合女生而不是男生——如果读了博士，几乎就只有搞学术这一条路可以走了，但是做学术和其他工种一样，需要天赋与勤奋，两者缺一不可。对大部分学界中人来说，做学术也不过是养家糊口的一种手段而已。女生留在清水衙门一样的学术机构，和选择去国有企业、当家庭主妇是类似的路径，无非是想选择一种清淡的、与世无争的生活方式。但是男生，他需要向社会证明自己，需要去挣钱，获得功名利禄。陈东的理论是：世道从未变过，从来都是笑贫不笑娼，笑弱不笑恶。所以，男生千万不能再在学业里深陷下去了，应该赶快抽身去赚钱。

如果对人类社会没有做出任何成就，一个大学教授与一个卖馒头的人，没有任何区别。陈东说，所以他根本不在乎赵荔是不是女博士。他建议赵荔毕业之后找一个可以混日子的工作，能像她在学校读书时这样无拘无束就最好了。

赵荔起先也觉得他的建议不错，说实话，这么些年来缺乏固定的社交网络，除了论文之外，没有必须要处理的事务，生活没有起点和终点，全凭自己的意愿。她觉得自己几乎已经完全适应了这样一种无政府主义的个体生活，真要回到每天打卡上下班的状态，不能不说是有一点恐惧的。

但是，is it all？

那么，我这30年不明不白的坚持是为了什么？赵荔觉得委屈，她坚持不屈服于父母对自己的不满，努力做一个好学生，坚持不随便和男人谈恋爱，慎之又慎，甚至坚持不屈服于平乏无味的机关生活，才来考这个博士学历……现在告诉我说，这一切坚持都是无用之功？

我想在学术圈占有一席之地？不想。尤其是亲身到学术圈的边缘浮沉了这3年，已让她看清自己的处境。我想做一个为了拥有大宅子和名牌服装而忙忙碌碌的白领？不想。还是清心寡欲的生活更适合自己。我想做一个相夫教子的家庭主妇？不想，还有比家庭主妇更忙碌更孤独更迷失自我的职业吗？

赵荔，一个30岁的女学生，有大把的时间可以让她思索人生，有太多不确定的因素让她沉溺于反复抉择……在她最迷惑的时候，在书本和导师都无法给她带来答案的时候，竟然是陈东的那一句“你就找一个混日子的工作好了！”让她醍醐灌顶。

原先，她举棋不定的是，我是选择这个好呢？还是选择另外一条路？但是，有一天清晨，陈东那句话跳进她的头脑，她听到自己清晰坚定地说："不！"

我为什么要混日子？！

那之前不久，赵荔在网上看到一个消息，说是剑桥大学800周年的时候，英国女王来到剑桥大学，主持了一个名叫"Letters to the future"的活动，就是让剑桥的学生和老师们给未来的剑桥人写信，然后他们把这些信封存起来，启封时间是2109年。

赵荔看过已经逝世的伟人写给后世人的信，现在是第一次看到现在的人写信给未来的人。100年之后，写信的人包括看这条新闻的她早就死了很多年了吧，但是现在他们每个人的脸上都带着兴奋的笑容呢。人生真是很短暂，去日无多。

再想想陈东那句"混日子"的话，就觉得难以忍受。赵荔觉得自己既不是来这世上受苦，也不是来享受的，而是在人世的这些年渐渐塑造了她的心性。她记得有一年，她问爸爸："人活在世上是为了什么？"爸爸说："养活自己和家人，然后给社会做一点贡献。"

"既然已经女博士！"这句话是赵荔现在最常对自己说的一句话，也是她常对陈东说的一句话，有点半开玩笑的意味。她对陈东说："的确，博士只是一个学历而已，说明不了什么。但我们女博士的社会名声已经那么糟糕了，我没什么可怕的了。"

在赵荔的头脑中，不合时宜地冒出了"理想"两个字。在她身处的那个学术圈里，她看不到蓬勃的精神，包括比她小的年轻人都满身暮气。她给自己定了两个方向，一是到国外去，毕竟那儿的学术氛围要比国内纯粹很多。一是到公司去工作，亲身的实践远比空洞的理论来得有趣。

那么，爱呢？

陈东听了她的决定之后，虽然有一点点惊讶，但是，他没有否定她，只笑了笑，说她能这样想，也很好。

赵荔说自己能觉察到陈东的不信任，毕竟在他和她相处的这段时间，他看到的都只是彷徨、无能为力、甘于边缘化的自己。她现在并不想对她和陈东之间的感情作出一个定论，30 岁的女人，未来的路还很长。

赵荔现在忙着在学校赶毕业论文，希望能够入选“全校优秀毕业论文”，人不能永远没有目标，没有目标的人生是没有动力的人生。她很少回父母家里了，她不希望她逐渐积攒起来的勇气被世俗的洪流打垮，人最不能够忽视的就是庸常生活的腐蚀力。

谈恋爱绝对是一件自我催眠的行为。凭什么他一个眼神，你就销了魂？凭什么你们只不过一起吃了几顿饭，看了一次展览，你就觉得你们灵魂相通了？

只想找个伴儿

1

在临别之际，小艾说出了一句蓄谋已久的话：“我们拥抱一下吧！”她很希望这个拥抱能带来触电的感觉，哪怕只是轻微的，例如头皮微微发麻，例如脸发烫，例如指尖悄悄地颤抖几秒钟……在跟后来的那些男朋友拥抱的时候，她总是懊恼地自问，为什么没有心跳？为什么没有幸福得眩晕？难道我不爱他？难道我爱的是那一个他？

好了，现在终于可以做一个实验了！

他马上也张开双臂，迎她入怀，他棉质的衣服和丝绸的上衣轻微地摩擦了一下，然后紧紧贴在一起。可是，她惊讶地意识到：自己心跳没有加速哪怕是千分之一秒。更可怕的是，他们像商量过了一样，搂过去的手竟然都在用力地拍打对方的后肩——几天后，她在电视上看到，两个兄弟告别也是像他们这样，搂抱在一起，迅速地拍打对方的后背，以资鼓励。

小艾跟我说这个细节的时候，皱着鼻子呵呵地笑，“我简直无法想象，我还曾经呕心沥血地爱过这个人。”她记得10年前，一个天气很好，云彩特别漂亮的傍晚，他们和一堆朋友一起，费劲地穿越国贸那个折磨死人的街道，他突然避人耳目地握了握她的手，悄声说：“我好开心啊！”

她马上心跳加速，幸福得晕眩，希望时间在这一刻停止，未来是看不见的茫茫深渊，她没有任何更多的欲求和期待，她甚至觉得，就在那个时候他们的生命结束了，就是最完满的结局。后来她想，她其实是对未来没信心，不相信爱会持久，主要是不相信他会一直爱她。

时间好像对他没有杀伤力，他的外貌依旧那样清新可人，但那个试验已经说明，他也丝毫不能让她激动了。难怪，人家说应该在合适的时间干合适的事情，尤其是谈恋爱。

谈恋爱绝对是一件自我催眠的行为。凭什么他一个眼神，你就销了魂？凭什么你们只不过一起吃了几顿饭，看了一次展览，你就觉得你们灵魂相通了？人的身体从根本上说，是建立在原子、分子、离子的基础上，和其他任何物质都是一样的，怎么那个时候就那么渴望接近他，听到他的呼吸，碰一下他的手就胸中涌起喜悦，觉得是谁也无法理解，什么语言也不能表达的快乐。

真的，幼稚可怜见的，太可笑了！她现在一点也不害怕被小朋友骂说是不懂爱的女人。只是，不要在女人面前加一个“老”字，那样她会勃然大怒。

有一天，她在公交车上，听到两个女孩和一个男孩站在她面前摇摇晃晃地聊天。其中一个高胖的女孩嫌恶地一路咒骂自己的领导，以及“那些懂得拍领导马屁的人”，还说起领导和其中一个女同事的绯闻。默默聆听的另外一个女孩问：“他们多大了啊？”高胖女孩说：“很老了，男的是79年的，女的是80年的。呦，他们快点结婚生个孩子吧，再不生的话，还不知道生不生得出来呢。”她在一旁听得好气又好笑，她是1978年出生的，那在这三个家伙眼里岂不是老妖怪了？

2

为什么那时会那么渴望一个人爱你？任何人！你能想象，就像一个饿了很久却身无分文的人，当她路过馒头铺、饺子店、成都小吃、鸭脖子店……她的眼睛都湿漉漉地盯着，口水顺着嘴角流下来。空窗期太久的女生，对爱有强烈的饥渴感，有时候就难免饥不择食地选择一些她并不爱的男生去谈恋爱。

小艾迄今为止的人生，总是长长的空窗期加上短暂的恋爱期。她发现所谓“被爱”的感觉，不是幸福，而是踏实——踏实地自觉不再是“待价而沽”的商品，不会有人用挑剔的眼光打量她，准确地说，她无畏那些眼光了。

在空窗的日子里，她遇到每一个适龄男子，都会有意无意地臆测一下，有没有可能和他谈恋爱呢？聚会时，朋友带来的每一个男生，她会内心一阵发紧：朋友是不是可怜我单身太久？会不会是打算撮合我和A？或B？亦或是C？A比B长得帅一些，但B看起来更踏实，C好像挺有钱的！想得愈多，内心愈发紧张，无法松弛下来，若有人打趣，本来就不甚聪明的头脑变得一片空白，只能呵呵傻笑，一句俏皮话也接不上来。后来再在别的场合遇到，她跃跃欲试地抛一个"啊，我们又见面了？！"的微笑过去，心想："我和他还真有缘呢，说不定……"可对方眼睛扫过她，迟疑地接过她送上的微笑，彬彬有礼地点一点头。难道我长得跟狗尾巴草一样吗？无论怎样自我调适，小艾都难免羞愤交加。

即便是走在路上，望见一个顺眼的男子，她也忍不住在心里将他和自己速配一番。这种半自觉的自我倾销意识，让她在任何有适龄异性的场合都极不放松，也不敢肆意地与异性开玩笑，怕被人以为是自我推销主动示好，她也不是没遇到过这种事情。

单身生活没那么可怕，可怕的是别人眼中的你，好像走到哪里都带着一个标签"available"，翻译成中文就是"待沽"。三姑八姨，包括身边没心没肺的同事常常在公开的场合大肆地谈论要给她介绍谁谁谁，间或还有人夹杂一句"别太挑咯！"她也只好讪笑着假high，配合她们的需求做出求偶的姿态，反复强调自己一点也不挑剔，只要是"男的！活的！"最后在大家满足的哄笑声中，散去。散场时总有人不怀好意地要某个住在北边的男人顺道送她回南边，竟然还碰见过想趁机揩油的猥琐男，他妈了个咪的！

在惊慌失措地等待别人爱自己的时期里，小艾经历了数不清的"爱未遂"。在26岁生日那天发现自己眼角有第一条皱纹起，她就时时告诫自己，不要轻易放弃任何可能的婚恋对象，不能像 20 岁左右的女生那样，自始至终保持高姿态。

大学刚毕业的时候，一听说有人要给自己介绍相亲对象，小艾都会像被踩了尾巴的小狗一样，大声反抗，拼命拒绝。到内心深处去看一看，还能看到屈辱感，为自己不能自然而然地恋爱感到羞耻，难道自己已经到了需要相亲的年龄？有那么凄惨吗？在那个时候，她还不能正确看待相亲，视其为人肉市场，交易双方把各自的斤两摆出来，进行权衡比照。当然，她现在觉得这种坦率公开的“交易”，有长远的合理性，总好过于“因为误会而结合，因为了解而分手”。

30 岁生日那天，小艾鼓起勇气去翻早年的日记，发现 20 岁左右的时候，她希望白衣飘飘地走在操场上，被一记横扫过来的足球撞得踉跄在地，剑眉星目的运动型男从操场另一方跑过来，连声道歉，两个人的目光嗖嗖地电流对撞，从此坠入爱河一醉方休。“实在太恶心了！都是被肉麻电视剧，言情小说给腐化了！以后我有孩子一定不能让她重蹈覆辙！”小艾羞恼地嫌弃 20 岁的自己。

从 26 岁开始，小艾就从理想主义者一跃而成了现实主义者。第一次相亲的时候，她烦恼地向比自己年长的好朋友抱怨：“相亲啊，太可怕了！你相亲过吗？”朋友朝她大翻白眼：“老娘相亲相得多了！”她才心里稍作平衡。

那一天是周六，小艾心情紧张地在约定地点等，远远看见介绍人带着一个个子不高的男生走过来，走得近一点了，发现他上身和下身一样长，再走近一点，竟然还微微秃顶……小艾心里都要哭出来了，对自己发誓说："再不要相亲了！"

但是，在接下来的几年里，直到现在小艾都还在相亲的路上狂奔，有时候相亲得太密集，小艾觉得自己都恶心得想吐了。还是那句俗话，有的人你看不上，有的人看不上你。别人说她是不是挑花了眼，她自己有时候也疑心，是不是因为见过太多男人，心情已经麻木了？

3

"你有男朋友吗？"

30 岁的女人和 20 岁的女人，遇到这个问题，心境会大为不同。过了 30 岁的女人，被问到这个问题时，大部分人都会感到难堪和郁闷。小艾 20 多岁的时候，毫不介意地说："看缘分吧。到时候实在找不到自己爱的人，就随便跟一个不特别喜欢的男人结婚算了，大家一起凑合着过日子呗。"现在想想，这种说法真是太骄傲自满了！她记得那个时候还有女同学说："大不了到时候找个有钱的老头呗！"还真是把青春当资本了！

爱情抑或幸福，在现在的小艾看来，是比较陌生的词语，反而是"伴侣"让她感觉比较可亲。她想要的并不全是婚姻，其实人不是非得结婚才可以，但是没有哪一个单身的女孩不希望有一个男朋友，这是必然的，除非她是一个拉拉，想要的是女朋友。人为什么一定要一个伴侣呢？因为人会自然地老去，也会遇到各种坎坷，伴侣就是用来互相扶持的，最好你的伴侣还是一个强大的人。

小艾现在最不能同意的是，古往今来人们对“爱情”的歌颂，仿佛它是人类所能拥有的最高贵的情感。可实际上，即便是带着牺牲精神的爱情，仍然是自私的和盲目的。小艾已经见过太多的人在爱情中扭曲变形，包括她自己，当她深爱着一个男人的时候，她每天都要痛苦地面对自己的占有欲和嫉妒心，眼睁睁地纵容自己去偷窥他的一切，狰狞地向他咆哮，质问他到底是不是真的爱她？

不明白为什么有那么多人热衷于写情感专栏，是为了挣钱还是他们真的觉得感情这点事有特别多值得说的地方。对于小艾来说，没有比聊感情更唧唧歪歪的事情了。

《大长今》是小艾经常拿出来看的一部电视剧，与别人不同，她最爱的不是氧气美女李英爱扮演的大长今，而是小长今的美女妈妈，是个跟李英爱长得极像的端庄美妇，此美妇亦有氧气的气质。但小艾最喜欢她的一点是，无论是对着她的丈夫还是她的女儿，她的眼睛里都不含一点点的感情。

天道无亲！

看多了含情脉脉的美女，小艾开始钟意这种冷调美女。十月份的时候，小艾打开电影频道，发现正在播放《人鬼情未了》，上网一查，原来是因为那位男主角的扮演者突然英年早逝了。小艾则是惊讶地发现，原来黛咪·摩尔这样的可爱！小时候觉得她长得太冷硬刚毅，现在来看，她那个时候两腮鼓鼓，简直还透着粉红色。而且，小艾现在愈加爱慕这种犀利坚硬的女人，觉得她们是会为了梦想不惜一切代价的人。

小艾说，到了她这个年纪，会觉得世界上最有魅力的事情，不是得到一个男人的爱，而是有能力、有梦想，并且努力去追求梦想。

小艾最羡慕可以到全世界各地旅游的人。但她自己总是鼓不起勇气。她说自己有一次跟朋友说退休之后的计划，就是要找一个海岛，每天在海边散步，像沙滩上的鹅卵石一样，什么也不干什么也不用想，就只是被海浪无休无厌地冲刷，太阳晒过来，细盐一粒粒地贴在皮肤上。

“但是你皱巴巴地裸体走在海岛上，不怕一不留神被人看成是用过的卫生纸吗？”小艾有一个爱捉弄人的女朋友，尖声地质询她，“你应该现在就去海岛！人一过 30 岁，就老得很快，过不了几年，你就要变成卫生纸了！你还不赶快实施你的钓金龟婿计划，更待何时？”

小艾觉得自己的内心变得越来越冷硬了，不再柔软易感。她在 MSN 上的签名也常常是“向所有被时代践踏、伤害、侮辱的女性致敬”之类，让人觉得她是一个女斗士。小艾最欣慰的自我发现是，她可以不在乎别人是否把她当女人。

黄秋生是她的偶像，有一次她看到黄偶像接受了一个报纸的访谈。记者问他钱对他意味着什么，他回答：“每个来找我的人都说自己是艺术家，真的以为我不知道什么是艺术家？烂剧本，烂导演说自己很有诚意，那凭什么你的诚意就比他的诚意高？不用讲太多，把钱拿出来，看看到底谁有诚意。”

“你有一说一，容易得罪人。”

“如果我得罪的是一些给我饭吃的人，会有一些问题。如果，我得罪的那些人根本都不会给我饭吃，那就无所谓了。”

“如果选你当主角，但赚不到钱……”

“常常有些人跟我讲，拍了这部戏你会有前途，我现在45岁，这已经是我的前途了，我的将来是没有前途的。18岁、20岁时你告诉我有前途，我信。我现在40多岁还谈什么前途，前途就是棺材。”

小艾太欣赏黄偶像了！被人说成是实用主义者又如何？总比那些既贪婪又要立牌坊的人强。

小艾已经决定了，现在所应该做的，就是寻找合适的结婚对象，而不是去想什么虚无缥缈的爱情。小艾青春期时爱的全是那种软弱的、贫穷的男生，他们能激发她的母爱。

到哪里去“邂逅”我的白猪王子呢？小艾选择了慈善组织，她想：有心力去做慈善的男生，必然是已经脱离了需要为衣食奔波的底层阶级，再则，那儿遇到的男生十有八九性格善良，比较靠谱。但是去了几次之后，小艾失望了：如果你希望在慈善组织邂逅恋爱对象，最好还是放弃这个念头，你最多能够认识几个好姐妹。一般而言，慈善组织里的男生主要由两类构成，一部分是被女朋友拉来一起体验助人的乐趣，同时促进两人感情的升温——互相给对方塑造善良的形象；一部分是真的非常非常老实诚恳的男生，老实得让你一看见他就想为他做媒，把他介绍给身边的单身女青年。

小艾有一次和那个慈善组织的创始人聊天——那位老先生曾经经历过非常成功的职业生涯，退休之后觉得做慈善事业能帮助更多的人。小艾觉得这样的人太有魅力了，可是他太老了，而且已经是别人的丈夫。老先生对小艾说：很奇怪，主动来慈善组织帮忙的人当中，女生的比例远远超过男生。

有一句话叫，女人好饲养。以前上学的时候，小艾养过鱼，每次去宿舍楼道尽头的水房给鱼换水，沿途都有女生从房里跑出来，用母仪天下的目光端详她手里的鱼。还有女生在宿舍里偷偷养过荷兰猪，甚至小猫小兔子，每每都会引起其他女生的欢喜尖叫。难道女生就注定了有很多很多的爱需要释放？

4

“乐观地来看，我如果现在谈恋爱，明年结婚，后年生小孩，我也已经是高龄产妇了！我那么大的年纪了，难道还要让我挤公交车去公立医院排队做检查？医院里的人多得要死，医生对你都特不耐烦，会让你觉得自己只是一个繁衍后代的雌性动物，有一点卑贱的感觉。我一定要去私立医院生孩子，那儿是价格贵一些，但是有私密的空间和专门的服务，让你觉得你是一个人，能够得到尊重。”30岁时的小艾，对爱情完全没有了任何幻想。她决定，一定要找一个经济条件不错的男人，这也是为了她的孩子着想，一定要让自己的孩子上最好的学校，最好能够去国外念书……这些都是要用钱来铺路的。

也有过几个好男孩对小艾表达过好感，但都是月薪不高，家乡在农村，家中的亲人还需要他的资助。小艾狠心婉拒了他们的好感，她亲眼见到自己的父母一辈子为了一点点小钱再三计较，甚至引起家庭战争，她不想重蹈覆辙。当然，她还没有到那种只要有钱便可什么都不顾的地步，谁不想找一个英俊善良又有钱的男人呢？小艾说，只不过别的女孩没有像她那样直白地把择偶条件摆出来而已。那些所谓的“一见钟情”，不也是建立在外在条件之上吗?

小艾频繁地上各种交友网站。这期间，她遇到了一个在大型国有企业工作的人——世道变迁，在小艾上学的那个年代，国有企业简直是落后、臃肿的代名词，但是现在，国进民退，国有企业高歌猛进，再次焕发青春。小艾毕业的时候，父母劝她进国有企业，说那不就有了铁饭碗吗？被小艾狠狠驳斥了一番，后来父母看到国企的职工大量下岗，也就不再说什么了。现在，国企一个个牛烘烘得很，父母们又有话说了：“看吧，你早些年不听我们的话，我们是劝你进国企的吧，看你现在工作多不稳定。”

话说回来，小艾在网上和他（姑且称之为李伟）聊天，得知他是那个大型国有企业的中层干部，心中也是一喜，江湖上谣传，这个企业里的员工待遇特别好，而且颇有发展前景。

李伟告诉小艾，他的父母已经去世了。小艾心想：“标准钻石王老五啊，人家不都说了吗，最好是有车有房，父母双亡。”李伟说，他现在自己首付买了一套房子，但是还没有买车。他没有家人帮助他，他之所以能得到现在的一切，全靠他自己的努力。小艾听了之后更高兴了，这说明他是一个踏实、有上进心和目标感的男生，这种人一定会把自己的未来和前途经营得特别好，那么连带地，自己也不用太操心前程了吧。

后来，她才发现她错了。家庭挫折能让一些人迅速成熟起来，但也能让另一些人变得阴暗偏激。

有一天，李伟约小艾见面，她欣然同意了。那一天，他找朋友借了一辆汽车，说带小艾出去兜兜风。他从车上下来，小艾觉得眼前一亮，他个子大概有 1 米 8 的样子，棱角分明的脸上有大面积长过青春痘的痕迹，眼睛特别小，不是很帅的那种类型，但是显得很沉稳。

小艾和他在车里有一搭没一搭地聊天，虽然第一次见面，但是李伟很放松，小艾因此也一点不觉得尴尬，两人话说得不多，但像认识了很久的朋友一样，即便有偶尔的沉默也不会觉得不好意思。小艾偷偷打量他，他穿的是 Y-3 的运动服，那可是阿迪达斯品牌里的高端产品，价格很是不菲呢！

李伟把小艾带到一家中式的餐馆，两个人在吃上也是颇有默契，口味非常一致，虽然他们一个来自河南，一个来自安徽，但都是在北京生活了七八年的人，喜欢吃口味重的菜，但也不排斥清淡的菜。两个人吃得很愉快，吃完饭之后，李伟送小艾回家，依然显得非常绅士的样子。

过了几天，李伟又约小艾去逛街。这一次，李伟借的是另一个朋友的车，小艾心里有一点点得意，这说明他对自己很看重吧，还到处借车来接送她。逛街的时候，小艾发现李伟对于那些名牌产品了解得简直比她还透彻，而且他还露出一副很渴望得到那些东西的表情，一直啧啧赞叹地说："国外的名牌产品就是比国货要好很多啊！有品质的生活，不能离开物质基础。"小艾虽然被他贪婪的表情吓了一跳，但因为她自己也这么想，所以觉得他是一个坦诚的人。

两个人又一起去听了一次演唱会，李伟显得特别 high，一直跟着大家一起大声地欢呼唱歌，像个孩子一样，显得很天真可爱。小艾本来安安静静地坐在一旁看，也忍不住跟着他一起大声地唱起歌来。散场之后，两个人都有些亢奋。李伟对她说："北京不是我们的家，在这里生活，我们必须要戴着面具，真的觉得很累。所以我特别喜欢去听演唱会，只有在这个地方，我才是彻底放松、彻底真实的一个人。"小艾原本觉得李伟是一个很坦率自然的人，没想到他这么说自己，但是大约男生都是这样的吧，他们不能轻易流露感情，就是要活得比女生累一些。

小艾对李伟的好感维持在一个75度的温度上，这已经大大超过了她心目中结婚的界限，她原本觉得65度以上就可以考虑婚姻大事了，所以她真的感到很开心，能够遇到李伟。

终于等到那一天，他们夜里看完电影出来，李伟拉着小艾的手走了两个小时，两个人聊电影里的细节，聊工作中遇到的人和事……突然，李伟拉过小艾，深深地吻了她。

接下来，就像任何一对热恋中的情侣一样，李伟会去小艾的单位接她下班一起吃饭，总是送给她一些价格不贵，但是好玩的小礼物。同事们都很羡慕小艾，小艾也觉得自己撞了大运，虽然她渐渐发现李伟并没有她想象的那样有钱，但是她已经入戏太深，觉得就算他不够有钱，也是可以继续交往下去的对象，他们可以一起努力。而且她认为好男人是靠女人培养出来的，她决定把李伟锻造成一个真正的金龟婿，所以常常给李伟买一些励志的、理财的书让他学习，李伟总是反过头来劝小艾也要多看看这些书，尤其是当小艾购物的时候，李伟都会提醒她，你忘记了吗？你自己拿回来给我看的那些理财书上面不是说了吗，不要买那种可买可不买的东西，应该把钱留下来花在更有用的地方。小艾很感激他提醒了自己，看着银行里的储蓄金越来越多，她觉得心里踏实很多。

有一天，小艾出差。到了目的地之后，她迫不及待地给李伟打电话报平安，却发现他的手机关机了。小艾心里忐忑不安，第二天，李伟发来短信说，昨天和同事出去应酬，手机没电了。应酬？小艾心里不高兴，但也忍住了什么都没说。

回来之后，两个人还是继续一起吃饭、看电影，平淡生活里有一些小喜悦。小艾发现，李伟的应酬渐渐多了起来，她跟一个女朋友抱怨，女朋友说：有应酬是好事啊！现在做什么事情不需要靠关系啊。有应酬，说明他玩得开，人际关系活络。如果没有应酬，整天在家里陪你，那才要被社会抛弃呢。

小艾一想，也觉得有道理。她最不能容忍的是男人没有出息。李伟有时候也开玩笑地跟小艾说："如果我不出去交际，以后哪有钱给你买钻石啊？"小艾一听，心里立刻雨过天青。

尽管相处得不错，但是小艾和李伟都住在各自的房子里，周末的时候，小艾去李伟家住。有一次，李伟说："小艾，你买一辆车吧，这样我也方便接送你。"小艾听得心头一沉，笑一笑说："我哪有钱买啊？"李伟说："找你爸妈要嘛。你想啊，要是我们结婚了，他们也是要给礼钱的嘛。还不如早点把这笔钱拿出来，给我们买一个车。我还可以开车带他们老人家出去玩，你看多好。"

小艾冷笑一声："我爸妈没有钱给我，你别指望了！"李伟见此，就抱住她说："我跟你开玩笑的，你别放在心上。现在我还有点事情要忙，要不我先送你回家吧。"小艾说："不用了！"

回家之后，小艾越想越生气，几天没有跟李伟联系，李伟也没有联系他。小艾没忍住，给他打电话，他淡淡地说："你找我有什么事吗？"小艾气得简直要昏倒过去："我没事，不能给你打电话吗？"李伟说："我晚一点联系你啊，我现在正在开会。"

后来，李伟好像忘了这件事一样，对小艾作出关怀备至的样子。小艾心里有了隔膜，怎么也做不到像他那样"健忘"。有一天，两人都在各自的家里，李伟突然说："我父母都不在了，所以，我现在拥有的一切，都是我一个人的努力。将来也是这样，不会有人帮我。"小艾听他这么说，突然有些心疼："以后还有我啊，我们一起努力吧！"李伟说："那你买一辆车吧，这样我们的生活半径就能大好多！"小艾说："可是我没有钱买车啊！"李伟说："你的工资都花到哪儿去了？"小艾说："我要供房子啊！"李伟说："你花太多钱在买衣服上了，这笔钱如果节省下来，也可以买一辆 QQ 了吧。"小艾气愤地想：你只知道叫我省钱，你自己穿的衣服哪一件低于 500 元了，你自己怎么不节省呢？两人无话，一起陷入了沉默。

第二天，小艾给李伟发了个短信："我们分手吧！"11 个小时 35 分钟之后，李伟的回复才来："好！"小艾说："没想到，男人算计起来，是这样厉害！"

过了一个月之后，李伟重新在网上联系了小艾，告诉她说他交了一个女朋友，那女孩家里特别有钱，父亲是一个不小的官，那个有钱的爹把自己以前开的车淘汰给了他们，自己又买了一辆新车。小艾恶心得想吐：那你开着这二手车，心里特别爽是不是？说不定你的主子过一阵心里一开心，就会又买一辆新车给你们呢。你好好伺候你的主子吧！

李伟不理会她的尖刻嘲讽，突然说："小艾，明晚到我家来住吧！"小艾惊得眼珠要掉出来："你不怕你女朋友知道？"李伟说："她和她家人能给我想要的物质，也能够在事业上帮助我，我才跟她在一起的。咱们俩在一起，是咱俩的事情，跟她无关。我最爱的人还是你！"小艾觉得自己像吃了一堆屎，完全不能理解，自己怎么还跟这样的人交往过呢？真是机关算尽，到头来还是被别人给算计了！

5

多交男朋友的好处是，你能见识不同的人，促进你迅速成长。经历过李伟给自己上的一课，小艾现在不把物质基础看得那么重要了，觉得还是人品更重要一些。

但是，要找到一个可以长相厮守的人真的很难。她在网上看到有20多岁的女孩子在博客上写："男人要永远感谢在他20多岁的时候曾经陪在他身边的女人。因为20多岁的男人处在一生中的最低点，没钱、没事业；而20多岁的女人却是她最灿烂的时候……"小艾气不打一处来，这句话的意思是说：女人啊，趁着你年轻，赶紧找男人吧，你只有在青春年轻的时候才值一点钱，你这个时候跟年轻男人好，那男人欠了你的，等你老了黄脸婆了，就不值钱啦，那时候男人抛弃你是活该，不抛弃你是他有责任感、有良心，那时候就是你欠他的啦！是不是只有他身边站着的永远是年轻美女，他才是真正的常胜将军？

世界上到处都是精于算计的男女，职场上的交易法则被直接应用到人与人之间的感情中来，你付出一分，我也给你相应的回报，绝不会多付出半分，人人都生怕自己吃亏上当被当作傻子。

结了婚的女朋友也一副过来人的样子对小艾说：男人说爱你要对你好，那让他拿出实际行动来，他给你买了什么？你可千万别替他们省钱，你不花自然有别的狐狸精来花他的钱，女人啊，要对自己好一点！

小艾恨她们对自己说这些心狠手辣的箴言，又暗自赞同这是清醒的做法。但事情往往是这样，这个世界你珍视得越多，你在现世中的风险越大，你会发现你总是在不断地失去。小艾希望过上踏实安稳的生活，对她来说，没有什么比近在眼前、可触摸的东西更让人有安稳的感觉。有一天，她去看望一个女朋友，女朋友嫁给了一个在小艾看来资质平平、收入一般的男人，但是女朋友看起来过得挺幸福的样子，尤其是当她抱着自己 3 岁的女儿出来时，小艾从朋友手里接过小孩，软玉温香抱满怀，突然她觉得，没有什么能比一个每天都在成长的小孩更让人有成就感和踏实感的了。

可是孩子的未来呢？小艾希望自己生一个女儿，希望女儿不要生活在这个难以找到恋爱对象，社会舆论压力又大的城市，她希望女儿能生活在一个没有多少环境污染、人民性格单纯开朗的国家——单靠她自己的努力，真的很难实现，到哪里去给她找一个有钱有能力的爸爸呢？

“如果你在两个男人之间无法抉择，那说明你哪一个男人都不爱。”

那些天，向荣疯了一样地整天在网上搜索两性专栏，星座解析……然后她看到了这句话，令她心一惊。

选择两难间

1

向荣不是那种典型意义上的剩女，她有一个情投意合的男朋友，已经见过双方父母，甚至因为两人都是北京人，连双方父母都在一起吃过好几顿饭，已然以亲家相称。

朋友们聚会也越来越少叫向荣了，他们都是单身或者结婚很久了的人，对于向荣这种新鲜小两口，最不待见了。单身的人自不待言，结婚很久了的人早就腻歪了两人世界，比单身的人更显得像单身主义者，和朋友聚会时绝口不提家庭。

向荣每次和朋友们聚会，中途总会忧心忡忡："不知道李乐吃饭没有？"朋友们都要抓狂了："你是他妈吗？"向荣解释："他出去和朋友吃饭，也会给我带饭的。"几次三番下来，朋友聚会要么不叫上向荣，要么把向荣和李乐一块儿叫上。

"你们马上就要结婚了吧？"朋友们在饭桌上总是要问他们。两人也嘻嘻哈哈搪塞过去："你们都是结局狂吗？看电视希望早点看到结局，书拿回来没翻几页，马上就去翻最后的结果？是不是我们结婚或者分手，你们才会有看到结局的踏实感啊？"朋友大翻白眼："我们就随口一问，没话找话，你想太多了！"

我们为什么不想结婚呢？

向荣和李乐单独相处的时候，几乎不太谈论这个话题。向荣记得有一次，他俩在一个破烂的餐馆里吃颜色很诡异的饭菜，不知道怎么就说到了户口的问题，李乐说："等我拿到房产证，我就把户口从我爸妈那儿迁出来。"向荣说："我也想把户口迁出来，可是我没有房子，怎么办呢？"李乐吃了一大口土豆丝，带着点不好意思的表情："迁到我的房子里来嘛。"向荣乐了："凭啥呀？"李乐又吞了一大口饭："等以后咱俩去领个证，不就可以了吗？"两人笑了一笑，没再继续谈论下去，两个人心里都或多或少有一点阴影。

如果说有一个缘起，那是两年前的一天，向荣参加了一次中学同学聚会。

"陈诚呢？怎么没来？"向荣坐下没多长时间，几乎来了的每个同学都问她这一句。

"我哪知道啊？"向荣起先还惊奇地笑着反问一句。问的人多了，向荣自己也觉得心生愧疚。"你以前和陈诚总是一起出没嘛。"同学说，"我们都以为你会和他结婚呢？"一阵哄笑。

向荣苦笑："我和他三四年没有联系了。"

“你知不知道你毁了他的一生？他这辈子都不会爱上别人啦。”酒过三晌，以前和陈诚关系很近的一个男生端着一杯酒来找向荣，嬉皮笑脸地说。大家笑得更厉害了。

向荣脸发热：“你胡说八道！”

回家的路上，向荣给陈诚发了个短信：“你还好吗？怎么没来参加同学聚会？”陈诚很快打过电话来，还是嬉皮笑脸的语调，向荣把同学会上了解到的同学现状跟陈诚说了一通，两人热火朝天地忆了番旧，心情愉快。还没聊完，向荣的电话就嘟嘟地响起来，是有其他电话要打进来。

向荣只好匆匆地很陈诚道了别，也没有再另约见面什么的。挂了电话一看，是李乐打过来的：“你在哪呢？你待那儿，找个暖和的地方逛着，我来接你。”

2

向荣最不愿意去回忆，却常常不由自主地想起的，是自己的中学生涯。好像重点中学毕业的，很多人都有灰暗的青春记忆。现在的成年人都讨厌郭敬明，向荣原先也讨厌这个做作的有钱男孩，有一天她在书店翻了翻郭敬明的书，突然理解了，他为什么这么受少男少女的喜欢。他的文字就像发霉的树木上长出来的黑色花朵，压抑又充满莫名的欲望，向荣记得自己读中学时也最爱读这样的所谓文学作品。

考高中的时候，父母托关系把她弄进了一个重点高中。在那里，向荣成了一个沉默、落落寡欢的女生，别人的欢声笑语与她无关。她的同学都来自于富裕或显贵的家庭，他们见多识广，不少人有出国的经验，他们组成了一个个耀眼的小群体，总在走廊上大声地笑闹。

向荣是对周围环境比较迟钝的那种人，从小又习惯了“被交朋友”，而不善于主动地交朋友，待到她回过神来，所有的小圈子都已经形成了，他们或者是“帅哥靓女族群”，或者是“有钱人族群”，还有“小学校友族群”、“八卦族群”、“爱吃爱逛街族群”……他们整天守在一起，一起上课、出操、上厕所、吃饭、回家，一起议论前一晚看过的电视剧听过的磁带，总有聊不完的话题。向荣发现自己毫无选择地成了“独行侠”。

没有团体接纳你，没有亲密朋友——对于青春期的男孩女孩来说，这无疑是最大的灾难，生命中不可承受之重。向荣日益觉得自己很丑很笨，不讨人喜欢，自信心彻底破碎。

就在她最需要别人关注，需要有人给她的自信心添柴加火的时候，陈诚出现了。他是典型的北京男孩——精力无穷、玩世不恭、仗义、有情义，同时又很要面子。

陈诚总有说不完的笑话，给班上的同学带来很多乐趣，谁都愿意和他一起玩。有一次，班上组织秋游，向荣又习惯性地一个人游荡，陈诚不知是有意还是无意，走到她旁边，嘻嘻哈哈地逗她开心，向荣情不自禁地受到他的影响，放松下来和他聊天。陈诚意味深长地看她一眼：“你也很搞笑嘛！”

自那以后，陈诚就经常主动地找向荣一起玩，拉她进入他的那些团伙，他们下晚自习后一起出校门外吃东西，疯闹。向荣原本以为自己的加入会让陈诚朋友吃惊或者排斥，但他们完全地接纳了她，就好像她一开始就是他们当中的成员一样。

向荣有时候会做噩梦，梦见自己兴高采烈地跑去和陈诚以及他的同伴们打招呼，问他们接下来要去哪里玩。但是他们冷漠地好像听不见她的问话，即便是陈诚，竟然也只是跟另外一个女孩谈得火热，根本看都不看她一眼。

向荣觉察出了自己的恐惧，她很在乎陈诚，害怕失去他。在一次嘻嘻哈哈吃火锅之后，杯盘狼藉的时刻，周围喧闹不已不息，向荣和陈诚歪在一角，小声地聊天，向荣说起自己的梦，陈诚说："怎么会呢？我就爱跟你一起玩，别的女生我都不爱理。"向荣很感动，感动的结果是她很霸道地对他说："那你以后也不许搭理其他那些女生！"

那时候，陈诚抬起头来很复杂地看了她一眼，看到的是向荣看上去很勇猛但是几乎要掉泪的眼神。他低下头去，漫不经心地说："行啊，我不理。"这句轻描淡写的话他坚持了两年，他身边几乎再没有出现过别的女生，除非有必要，他不跟她们说一句多余的话。

但是，主动来找向荣搭讪的男生突然多了起来，其中不乏有向荣喜欢的类型，她胆战心惊地与那个人出去看过几次电影。第一次出去的时候，向荣内心害怕不已，拉着陈诚要他陪她去，陈诚嬉皮笑脸地拒绝了，直到后来向荣才知道陈诚心里对这件事很不爽，但北京男孩子就是这样，就像向荣的一个朋友总结的那样："他们爱到浓时也不肯卑微，宁愿自己受苦也不愿表白，做的永远比说的要多，甚至正着做了却还要反着说。北京孩子都是煮熟的鸭子，肉烂嘴不烂，就算为你都粉身碎骨了，外表上却一定要表现出淡定、无所谓的态度；就算让你一句话捅成内伤了，脸上还要做玩世不恭状。”

3

大学是一个分水岭。

向荣和陈诚分别考上了不同的大学。在最初的一年内，他们还经常相约着一起玩。甚至，他们之间还互写信件——在他们上学的那当口，大哥大还是富豪的专属配件，有呼机的人就看起来像富二代了，整个宿舍楼里只有一部电话，要打进来非得有艰苦卓绝的奋斗力和抗压能力，以及大坨大坨的狗屎运。

在大学校园，向荣突然失去了陈诚如影随形的溺爱，心情又一下子跌到了谷底，她给陈诚写很长的信，事无巨细地诉说自己的琐事，陈诚买了玫瑰花、巧克力和一张CD到校园里来给她庆祝生日，让她觉得自己好像一个公主。

向荣哀叹自己永远也遇不到白马王子，陈诚佯装恼怒：“我啊！”向荣掐住他的耳朵：“你，顶多算是一个白猪王子！”

很久以后，向荣谈过了几次恋爱，终于懂得感情的真味，才明白陈诚所做的那一切，并非“普通朋友”四个字就能涵盖，就算是“好哥们”也无以承载。但是，那个时候从来没有谈过恋爱的向荣还不解风情，而陈诚也就再也没有对他们的感情关系做过任何的试探了。

大二的一天，向荣正在宿舍里看书，妈妈突然来到学校找她，眼睛红肿："我和你爸爸离婚了。"父母关系一直不和，向荣知道，虽然他们总是尽量避免在她面前吵架。向荣气愤地说："你就是来通知我这个结果的吗？"

离婚后的两个中年人，沉浸在失去家庭的痛苦里，开头几个月都忘记了给孩子生活费，父亲以为母亲会给，母亲以为父亲会给。向荣过着饥一顿饱一顿的生活，倔强地不肯向父亲或母亲开口去要。后来，当他们发现了这一点，愧疚不已，又一拥而上地给钱，让向荣成了小富婆。

这一切境遇，向荣谁都没有告诉，包括陈诚。人在最快乐和最痛苦的时候，都宁愿孤寒，像一只野兽一样躲到角落里，独自回味或舔舐伤口。

或者还有一种渴望，向荣希望，她不需要多说一句话，陈诚或者其他朋友都会跑过来关照她爱护她。

在陈诚那儿，他以为向荣已经长大了、成熟了，有了更有魅力的朋友，再也不需要他这个平淡的朋友了。在不知不觉中，他们日渐疏远。

而这个时候，班上有一位男同学适时地出现了。他和陈诚是完全不同的人，他内敛、不爱说话、心思重。在一次无聊的班会上，向荣和他刚好坐在一块儿，不知为什么，向荣那天心情格外苦涩，一时冲动之下，突然把父母离婚的事情跟这个与她并不熟悉的男同学说了。

男同学也说起自己的家庭，他的父母也是无时无刻不在闹矛盾，不是针锋相对地吵架就是在冷战，他已经习惯了在这种家庭氛围里，保持一种事不关己的态度。父母吵架的声音再大，他依然能够抱着书缩在自己的床上看得出神。父母有时候吵得失去理智，含着眼泪，要他评评理。他冷漠地说："这是你们自己的事情，不要问我。"他说他羡慕向荣，他真希望自己的父母离婚，不要再互相折磨下去了。

向荣想到父母离婚之后，反而对自己格外地好，尤其是母亲，总是愧疚地对她说："我对不起你。"父亲也常常带她去校外的餐馆改善生活，等等等等，无关紧要的生活小细节，突然让向荣觉得自己是个相对幸运的人。可能，减轻痛苦的一个方式，就是看到一个比你更加不幸的人。

有人说，男人会因为可怜一个女人而爱上她，女人则不会因为同情一个男人而爱上他，这是不尽然的。向荣就是一个驳斥这种论调的案例。

自那次班会以后，向荣看到那个男同学，总是心生同是天涯沦落人的同道感，而且还格外对他多一分同情，她情不自禁地觉得，自己虽做不到拔刀相助，但应该帮助他，让他看到生活中温暖的、美妙的那一部分。

她也把她渴望从别人那儿得到的温柔，一股脑儿投射到了这个男同学的身上……他们，恋爱了。

热恋期过了之后，向荣发现：总是她冲到食堂，在人群里突围，为他俩打来饭菜；总是他陷入抑郁期，她开导他为他解忧；总是他将头倚靠在她的肩头，默默地仰视星空……

向荣这才发现，她已经好久没有想起陈诚了。她厌倦了当谁的妈，她又去找陈诚，他们还是像哥们儿一样一起欢笑、吃饭、学习，享受平淡生活里的小乐趣，陈诚还是那样的亲切、温厚、嬉皮笑脸。但也仅此而已。

4

李乐后来突发奇想，写了一篇情意绵绵的博客，在他和向荣认识了五年之后。他记起来——他像往常一样，大大咧咧地用脚踢开办公室的门，一个伏案写字的姑娘抬起头来，望了他一眼。她的眼里有惊恐的羞怯、纯洁的光芒，以及一种令人安静的力量。他在心里说，这个女孩是我未来的老婆。

他们直到现在都还是同事。李乐见到她的那个时候，是向荣申请去他们公司实习，正趴在桌上填表格。

李乐和陈诚有着太多的相像之处，一样的小眼睛，一样的似笑非笑，一样的表面玩世不恭内心温柔如水。唯一的不同是，他从一开始就对向荣表达了自己的爱，当向荣惊慌失措地拒绝的时候，他非常有耐心，不急不躁地等待。他比向荣他们大几岁，知道信心和耐心是获得爱情的重要法宝。

从大学毕业之后，向荣就来到李乐所在的这家公司工作。这一次转型，她转得很顺畅很舒服，因为上天派了另外一个陈诚到她身边，保护她，溺爱她，赞美她。向荣不止一次地跟李乐说："我有一个大学同学，跟你简直一个模子刻出来的！"也不止一次跟陈诚说过："我有一个同事，跟你简直一个模子刻出来的耶！"

但是不知道为什么，李乐和陈诚就是无缘相见。

向荣和李乐很自然地走到了一起，因为两个人相处起来十分舒服。对于已经成熟了的年轻人来说，还有什么比相处得很舒服更让人动心的爱恋理由？当然，“有钱”也是一条非常令人失魂的试婚理由，只不过，向荣是那种对钱没什么贪欲的女生。

还有一个很关键的因素是，向荣的父母复婚了。离婚后的两个人，各自过得都很辛苦，这时候才想到对方的好处。向荣妈妈找到向荣，难以启齿地对她说：“我和你爸爸想复婚。”向荣眼睁睁地看着一对接近老年的男女重新恋爱，突然像青春期的少男少女那样，时不时地为对方制造一些小惊喜，两个人牵着手到公园里散步，一起下厨研究食谱。

对于失而复得的家庭，向荣格外珍惜。父亲的火爆脾气虽然还是没有得到有效控制，但是已经比以前好多了。母亲几乎不再像以前那样跟父亲对着吵了，她用沉默把父亲的怒气化于无形，更主要的是，她加倍地对向荣好：“女儿，我对不起你。”所以母亲绝不想要女儿再承受一次父母离异的痛苦。

向荣从父母身上看到，婚姻关系永远都不会是对等的关系，一定是一方占优势。妥协是美德，是爱。

李乐从来没有对向荣大声说过话，向荣感到无比的踏实，她发誓绝不要嫁给她父亲那样脾气暴躁的人。

用一句俗套的话来说，你得在正确的时间，遇到正确的人。陈诚表白一次遭拒之后，就再也没有对向荣表白过，虽然他的行为总是出卖他的心思。但是，李乐的适时出击，让向荣顺理成章地接受了……就好像受到一个邀约般那么不露痕迹的自然。

5

向荣和陈诚见面了，回到了他们的中学。

两人都尽量避免去聊结婚的话题——这可能是向荣的错觉，但她自己的确是尽量不去想，不去说这个事情。

两人嘻嘻哈哈地逛了几个小时，不经意天就黑了。“到我那儿去坐坐吧。”陈诚很自然地提议：“做顿饭给你吃。”向荣想，如果自己拒绝，那就是矫情了。

两人一起去陈诚家楼下的超市买面条、肉糜和黄瓜，打算回家去做炸酱面。有一瞬间，向荣觉得自己已经和陈诚结婚很多年。

陈诚张罗着做饭，明明只是做两碗炸酱面，他动作夸张得好像在准备满汉全席一样。“哟，还切葱和香菜呀！”“咱没别的本事，就是讲究一个吃。”陈诚得意洋洋，把向荣笑死了：“不就是一碗面条吗？”

陈诚做饭的当儿，向荣在他房间里东摸西翻——虽然已经很久没有见面的两个人了，但向荣竟也觉得理直气壮，无需解释。

在他的抽屉里，向荣看到了一些旧物：她高中时期一度最爱的手链，后来就厌倦了，毕业时候，她顺手塞给了他；她写完的笔记本；她写给他的小纸条，上面写着“帮我做一下物理作业”、“老师ā嗦死了”、“你是猪！”之类幼稚的话；她送给他的生日礼物，一盘磁带，封面上写：“让我们做一生一世的好朋友”……

向荣又惊又兴奋，一样一样拿出来看，“这些垃圾，你怎么都还没扔？”陈诚有点发窘：“我都忘记扔了。”向荣看他浑身不自在的样子，突然明白过来了一点什么，不再追问，心里像鼓起了一个大气球，脑袋有点晕。

回家的路上，向荣搭错地铁，然后再几乎下错站，恍恍惚惚。第二天，一整日，明明没有事发生，但意志漂浮，一点都不受控。还是因为心里有事，好像一棵老树又长出新芽，尴尬得很。知道无法重复过去青春岁月，但青春岁月的感觉非常自然顺畅地搭过手来，好像从来没有中断过。

过了一个星期，陈诚又打了电话，约她去家里吃饭，说是狠狠地准备了一顿大餐。“切了两碗葱花吗？”向荣嘲笑他。

果然是很精心的一顿饭，陈诚的厨艺出乎意料地好，无论是刀工还是火候，都掌握得很到位。向荣想给他打下手，被他严辞拒绝。“都是被单身生活给逼的呀！”陈诚惨叫。他还买了一瓶红酒。

饭桌上，陈诚苦笑，他这前半辈子，对什么都抱着顺其自然的态度，结果，原本属于自己的东西都被别人顺手牵羊了。向荣心想：我是不是其中的一头羊？

酒酣耳热之际，陈诚突然握住了向荣的手……向荣想挣扎，可是，历年来陈诚对她的好一幕一幕都出现了，甚至，陈诚在考试时悄悄给她递纸条的情景也重现了，一点也不温馨，但是……

那天晚上，向荣第一次对李乐撒了谎，说她在单位加班，今天回不去了。

后来，他们又见了几次面。

6

“如果你在两个男人之间无法抉择，那说明你哪一个男人都不爱。”

那些天，向荣疯了一样地整天在网上搜索两性专栏，星座解析……然后她看到了这句话，令她心一惊。

2008 年 5 月 12 日那天，向荣正在开会，突然她感觉到自己头脑眩晕了一下，她想：我一定是低血糖，以后得加紧锻炼了。突然有一个同事迟疑地说：“是不是地震了？”另外一个同事抱怨：“最近隔壁公司一直在装修，烦死了，估计是他们在用电钻吧。”他们继续开会。

但房间外的嘈杂声越来越大了。“真的是地震了！我们赶快下楼吧！”有人喊了一嗓子，大家三三两两地往楼下跑。

“陈诚，你快点出来，地震了！”边往楼梯间跑，向荣边给陈诚打电话。刚挂上电话，李乐的电话打了进来：“地震……”向荣才吃了一惊，她在危机关头第一个想起的是陈诚而不是李乐。

可能是因为我把李乐当老夫老妻了，陈诚最近才搅起波澜，可能我和李乐已经到了恋爱疲劳期了，我又对陈诚有愧疚感……她也不知道在对着自己辩解什么。

她给陈诚发了一个短信：“我们最近不要再见面了吧。”

晚上回到家，向荣正在浴室洗澡，手机响了，刚好放在李乐的旁边，他顺手给摁了一下，就看了陈诚发过来的短信：“我等你。”

向荣走出浴室，看到李乐两眼发直，脸色发白。她问他怎么了。李乐指指手机：“我不是故意的。”向荣扑过去把手机拿起来，愤怒地说：“你怎么能翻看我的手机？”但是她又不能那样地有底气。

两个人长久地沉默，在沙发上坐了一夜。

第二天，两人各自去上班。下班的时候，李乐给向荣打电话：“我们去吃个狠的！”所谓吃个狠的，是说花大价钱去吃顿好的。

向荣沮丧不安地来到李乐约定的那家餐馆，李乐表现得像没事人一样，劝向荣吃这吃那。向荣突然有点恼火，脑袋一热：“你不要表现得这么大度，我受不了！我告诉你真实情况。”

李乐轻轻一笑：“何必呢？有些事情，还是各自藏有隐私比较好。”

向荣含泪：“你不怕我离开你？”李乐看了她一会儿：“……我对自己有信心，对我们俩有信心。”

向荣哭得更厉害了：“其实我发给他的最后一条短信是，我们最近不要再见面了。”李乐没有说话，只是夹了一只虾到她的碗里，嬉皮笑脸地问：“你不是最爱吃虾的吗？全都给你！”

时间过得很快，度年如日，每一天都在重复前一天，像复印纸一样的生活。向荣过得并不快乐，虽然他们后来再也没有提起陈诚的事情，她也再没有去跟陈诚见面，只是在节假日可能会收到陈诚发来的祝福短信。

向荣一直觉得，好像有一道阴影横亘在她和李乐之间，无形无声。不知道它什么时候才会褪去……

作为一名还是会介意对方是否有女朋友，对方是否善良，对方是否确实爱自己，对方是不是有正当职业，对方是不是敢于诚实，对方是不是孝顺……的女人，她知道自己注定不能顺利嫁掉。

还是会介意

1

“你说，像我这样大年纪的一个女生，连真正的失恋都没有经历过，是不很可怕？”钟晓突然问我。

什么叫真正的失恋？

“就是你和一个男生真真正正地交往过，他把你当作唯一的女朋友，你把他当作唯一的男朋友，你们对于未来的规划里，都有对方。”

但是这世界上有很多不婚主义者呀，他们连对自己的未来都丝毫没有规划，怎么可能为你去设计一个未来呢？

“爱情的作用之一，不就是在此吗？好多人不是说过，在遇到他/她之前，自己没有想过结婚这件事。自从遇见了他/她，才认真地开始想两个人的路该如何走下去。”

好吧，我只能说，我身边的大部分都是稀里糊涂过日子的人，不太像是正常人——他们嘲笑那些循规蹈矩地按照既定规律结婚、买房、生子的人。他们说，不抽烟不喝酒的人，也很有可能早死。你走在路上，也可能被一个楼上突然掉下来的花盆砸死。你何苦去承受其他人施予你的痛苦？

“这些人的思想太前卫了！”钟晓很不耐烦地冷笑了一声，“他们太自私了，他们只想着自己的感受。既然结婚这个事情，能让父母安心，让他们感到愉快，为什么不做呢？你要知道，人到晚年，尤其是退休之后。是很可怜的，他们的一生已经到了无路可走的地步，只能消磨时间，等死。”

你说到点子上了！为什么他们退休之后，就会觉得人生无路可走？那是因为他们年轻的时候，没有自我，只想着去满足他们的父母、他们的上司以及他们的子女的愿望，他们没有自己的兴趣爱好，才会在晚年活得这么不幸。

“好吧，你是要嘲笑他们吗？我们的父母那一代，他们出生在很贫瘠的年代，他们要很辛苦才能让一个家庭活下去，他们难道不想每天读读小说，看看电影，过你们所谓的那种有品质的生活？”

你说得有道理！我汗颜起来。虽然心里还在嘀咕：时代就是这样进步的呀。父母辈们辛苦地劳作，就是为了让我们过上比他们更好的生活……不过，这也真是扯远了！

“还有！”钟晓大喝一声：“低碳生活鼓励结婚，因为无论如何，两个人在一起过更节省能源。美国有统计表明：离婚之后的人均资源消耗量比离婚前高 42% ~ 61%。”

但是，钟晓又惆怅起来：“不要谈什么结婚不结婚的话了！我想和一个男生一起生活，洗衣做饭，互相听牢骚，晚上抱在一起睡觉。无论是怎样的男生罢，反正我不想一个人生活了！”

2

钟晓说她看《小团圆》，里面有一段张爱玲写道：有句英文谚语“灵魂过了铁”，她这才知道是说什么。一直因为没尝过那滋味，甚至于不确定做何解释，也许应当译作“铁进入了灵魂”，意思是说灵魂坚强起来了。

对于这种滋味，她不确定自己有否尝过。不靠谱的男人能让女人的灵魂如同过了铁一般硬冷吗？恐怕他们还没有那么强大的能量。她回想起自己遭遇的不靠谱男人，没有十个也有八个。

对于那些人，她对他们有一个统一的称呼：“故人”！她总觉得，她和他们之间的交情属于“友情之上，恋爱未满”的状态，没好意思用“前男友”这种暧昧色彩浓郁的词。

也不能说“男人没一个好东西”这种话出来，记得推理女王阿加莎写过一篇《牙医谋杀案》，她说牙医其实是你扭曲的爱人。

牙痛折磨你太久，你终于忍无可忍去看牙医。牙医专注地盯着你，脸凑近来，你清晰地看到他的五官，你觉得自己呼吸到了他呼出来的空气。有时候人会很奇怪，会被一种强加的身体上的亲近感，引发心理上的亲近感。

钟晓非常不好意思地告诉我，有时候她在挤地铁的时候，和别人凑得太近，以至于联想起和别人接吻的经历，记忆突然会导致一种冲动，想朝她面前的嘴唇吻下去，无所谓他 / 她是谁，她很担心自己会失常，她觉得自己一定是疯了？！怎么会有这种变态的心理？尽管她知道自己的理智足以控制自己的行为，但是她还是感到非常羞愧。

回头来说牙医，牙医目光炯炯地盯着你，其实是盯着你的蛀牙，他会拿起一个冰冷的金属工具伸到你的嘴巴里。你被惊吓得头脑一片空白，全身肌肉紧张，积聚起身上的所有力气，觉得要对付一定会到来的剧痛感。剧痛感果然如期而至。

经历了这一番折磨之后，突然牙痛戛然而止。他转身离去，就好像一个陌生人，与你再无交集。你再去回想，牙医的面目已经模糊。你甚至会怀疑：真的有那么痛吗？

这其实和感情经历很相似——大部分的亲密和对峙都是你假想出来的。你心里觉得已经翻越了千山万水，对方以为只是潇洒地迈过了清浅的小水沟。而女人多半都是假想狂，在臆想男人爱她或者背叛她这类事情上，再没有想象力的女人都是天才，并且也是名侦探，男人细微的一点举动或者物事，能引发她调查加想象出一个完整的奇情故事。

钟晓最失意的是，她的爱情基本上都是两三岁的小孩，还没有成长为少年，就夭折了。是自己的人格有缺陷？是自己运气不好？还是男人大多如此？钟晓虽然已经在世上活了 30 余年，还是想不清楚。

3

站在南京大学的门口，年轻的面孔扑面而来。好在她早就做好了准备，决计不去叹息自己的青春，气定神闲地观察这些年轻的小动物。啧啧，瞧那些大冬天穿着薄丝袜的细腿，那些衣服上的色彩超过10种的身体，那些掩饰不住的骄傲——原谅他们吧，自己当初也是这样，以为青春是多么了不起的资本呢。

钟晓还是忍不住嘀咕了一句：谁没年轻过？你还没老过呢。

不过这样一来，她心里也是一惊，怎么能有这种妇人心态？！打住！

她在门口打了个电话，给——故人！

他人在长沙，电话里说他最近要回南京参加毕业十周年庆！她认识他的时候，他毕业在即，后来就几乎没见过了！这一别，竟然已是10年，她几乎要被这数字吓一跳，人生有几个10年啊？

“那我回来之后，打电话给你，咱们见见，这都多少年没见了！”他说。“我过两天就要离开了啊！”她笑着告诉他。他顿了一顿，说：“那好啊，等以后有机会再见吧！”电话就挂了！

那次回南京，是她突发奇想。她的年假，再不休就过期了。她想不出来去哪，干脆回母校看看。不过南京大学不是她的母校，是他的母校。她念的是南京航空航天大学。

大三那年，她十分不愿意去找工作，留恋校园里的自在。虽然，现在的校园早已不是乌托邦，但仍然是相对封闭的暖巢。还有，她一直嫌自己的母校不够有名，想换一个更有名一点的学校去念研究生，可能毕业之后更好找工作，父母也更有面子一些。

她跑到南京大学去找研究生报考点，找来找去找不到，路上碰到了他，向他问路。他说了半天，见她还是一副糊里糊涂的笨蛋样，无奈地说，我带你去吧！钟晓特别高兴，觉得他虎头虎脑真可爱，一路上兴高采烈地不停说话，说得他也笑嘻嘻的。

她到研究生处拿了几份材料，和他告别的时候，问他有没有呼机号码，QQ 号码是多少？他不自在了，不过还是写在了纸上给她。

“这么矜持呀？装的吧！”钟晓那个时候还有点年轻姑娘的放肆，总以为男人是不好意思跟小姑娘生气的，总以为是个男人总会对女人存点念想——那女人当然包括自己。

更那个什么的是，像一切姑娘称呼自己的爱人一样，她叫他猪头。因为她问他叫什么名字，他不说，她就叫他猪头。猪头，请我吃个钟晓糕吧！猪头，你看这都快六点了，你是不是请我去你们学校食堂吃顿饭啊？猪头，猪头，猪头。虽然刚认识，但他们好像已经认识很久一样，熟稔，亲切，无忌。

过了没几天，钟晓又来到南京大学，找到他，说是要来打听一下导师的情况。他没有办法，带她去找上一届的研究生，研究生楼黑黑的，他们来到一间宿舍，一个女生正坐在屋里洗衣服，他对那个女生说：“我有个朋友，想找你打听一下考研的事情。”那女生似笑非笑地看他一眼，一副几乎想要追问八卦的样子，钟晓也不好意思，赶紧问了几句就出来了。

出来之后，两人在路上乱走，还是钟晓不停说，猪头笑着听。学校大门口，停了一辆献血车，猪头说，闲着也是闲着。他就走到献血车上去了，说：“献血！”医生说：“你身体挺好的啊，同学！你多献一点吧，400cc，怎么样？”他说：“好！”

世界上竟然有这样的人？钟晓看着他那颗硕大的脑袋，不禁觉得自己有点爱上了他。

“你怎么这么傻啊？要你多献就多献啊？”

“我又不是没献过血！”

“你什么时候献的呀？”

“好像是 1998 年吧，新献血法出台，街上突然多了好多献血车，我觉得很好玩，就去献了一次！”

“我做你女朋友吧！”钟晓说自己很不要脸地说。

“我有女朋友，在长沙！”

4

钟晓突然不耐烦回忆这些卿卿我我你侬我侬的儿女情长了，说：“我还是来跟你说说我那天去南京大学，见到的老同学吧！”

小娟是钟晓的大学同学，特别喜欢漂亮男生，后来也真的找了一个五官特别好看的帅哥，大家都说小娟占了便宜，因为帅哥不仅长得对得住党对得住人民对得住国家，而且性格温柔，对小娟也百依百顺。

小娟出现在南京大学门口的时候，钟晓羡慕得几乎要叫出声来，皮肤好的呐！简直可以捏得出水来。10年前她在大学的时候，皮肤还没这么好呢，满脸痘痘。“都是钱堆出来的！”小娟说。

没多久，另外一个大学时的死党，小夏也出现了，她那样一个整天疯疯癫癫的人，现在竟然为人师表，太不可思议了！

这家伙做了老师，也没有改变多少，头发染得十分夸张，像个古惑仔！夏老师就这样招摇着去传道授业解惑呀！这种麻辣老师想必是学生们喜闻乐见的老师——钟晓特别高兴，她的朋友们都几乎没有什么变化。

更令人高兴的事情是，她们刚好赶上了学校社团招新，一个愣头小伙子，伸过来一张纸，对她们说：“同学，考虑一下，加入我们社团吧？”她们又惊又喜，简直不敢相信自己的耳朵，恨不得给那孩子100块钱，表示对他们社团的赞助。

“他瞎了吗？”路上，钟晓虽然乐开了花，还是忍不住问娟和小夏。

“哈哈，他没瞎，是我们显得太嫩，太年轻了！”

实际上，小夏和小娟都早已是已婚妇女了！小娟如愿以偿地嫁给了帅哥，虽然，帅哥看久了也就那样，就是一个亲人的面孔，但两人一起过一点小日子，也不错。小夏嫁给了学校的一个教授，年纪比她大很多，老少配倒也还高兴，小夏还一再地劝钟晓找个年纪大的男人，知道疼人，而且也没有力气出去花心了。

三个近30岁的女人，在南京到处逛，七嘴八舌地说着学校时候的趣闻轶事，即便是当年要死要活的事情，现在说起来，也只是觉得更加好笑而已。搞笑密度太大，三天之后，钟晓坐上回程的火车的时候，已经觉得筋疲力竭。而且，她突然意识到，青春已经一去不复返了！

有女朋友的好处是，她这几天，丁点都没有想起猪头，这个足以唤起她的青春惆怅记忆的人。她又在火车上给他发了个短信："我走啦！"猪头回复说："怎么这么快？我明天的飞机！"

怀念猪头吗？

倒也不是。恼人的还是宿命感。猪头就好像带来了一个诅咒，在猪头之后遇到的其他男人，几乎好像都是差不多的经历：无疾而终！对方有女友！或者，突然去了外地……妈的，现在在中国，人口流动率太高了，怎么可能有心情好好谈恋爱，连时间都没有。

当初人们总说：要趁着在大学的时候，好好谈一场恋爱。但她当时不听，以为到了社会之后，有大把的机会遇到青年才俊。连小夏和娟现在都在庆幸，幸亏当初在大学的时候谈了恋爱，不然现在也不知该怎么办才好了。

5

钟晓有时候也自省：我是不是太容易悲观？我总是把一件很小的事情，和不久之前，或者更久之前的若干的、类似的事情联系起来，然后暗示自己："你总是这样这样，你将来还会怎样怎样，你这个人，一辈子注定了怎样怎样！"

总之，任何一段感情发生之前，任何一件事情刚刚开始的时候，她就仿佛可以预见它必然会有的结局，也没有心力去做一些改变它的创举。有时候，当她受到男人的邀约，她也体会不到受约时的欣喜，甚至懒得去为约会精心“画皮”。

理论上，这当然是错误的思想。人生导师们总是说：“过程最重要！”可是，她总是像一个结局狂那样，迫不及待地想要看到眼前的人，扯下他脸上的面具！

不过，你要以为，钟晓是因为太悲观，所以才遇不到意中人，那你错了！

即便在她最绝望的时候，她也曾经等待过两年的时间。

那是五年多以前的事情了，那个时候钟晓不过二十四五岁，自以为已经老得可以倚老卖老了。其实，还是在单薄、寡味的青春期，却总是要装作世故而粗砺的样子，叹息自己永远也学不会撒娇，永远都像未成年的小男孩一样，只会以伤害自己以及他人的方式，粗暴地索取爱。

她以为这样就可以避免被人一下子发现自己的软弱，其实，稍微有点人生经验的人，很容易就可以看出来，她只是因为渴望爱，只是害怕被伤害，随时准备退让，若要言简意赅地说，纯粹就是不自知的矫情！

对方多老练啊！一个36岁而看不出来真实年龄的台湾男人，开一辆宝马车，做两地的珠宝生意。他是钟晓那家公司的客户，刚好落在钟晓的业务范畴之内，谈完工作，他请她吃饭。

钟晓是那种很容易被人请吃饭的人，因为她长着一副诱人的身材——女人的身材太诱人，其实是很重的烦恼，即便你什么也不说，好像也在随时随地地对别人进行邀约，所以总是招来一堆又一堆的烂桃花。不像那些身材平平，但长相冷艳的女生，别人都说先远观一番，再施以魔掌，于是有了回旋的余地。

首次约会在轻松愉快的氛围中落下了帷幕，他们甚至互相加了QQ，他没事就找她聊天，聊得最多的竟然是他童年的不幸——父母爱的是他的哥哥，从来就不把他放在眼里，家里的产业都让哥哥去打理，他是一怒之下来到内地，靠自己的力量打拼，他要让他们瞧瞧他的本事！

可能是胸比较大的女生都母爱泛滥吧——钟晓开自己的玩笑。她觉得她有义务对他施予一些爱，让他不要那么痛苦。她甚至去图书馆借了几本心理学的书回来看，每天给他分析，童年阴影与人格的关系。

有时候，钟晓会自问："如果他不是开着宝马，这么有钱。我会对他这么有耐心吗？如果是一个薪水超低的人，跟我说他童年的痛苦，我会不会因为他是个loser而鄙视他？我会不会真的很势利？"

奇怪的是，他只是在QQ上说一下甜言蜜语，却很少约她出去吃饭。有时候，他喝醉了会给她打电话，抱着她，把头搁在她丰满的胸脯上，像睡过去了一样。但是，却又并没有进一步的色情举动，让人觉得他是一个君子。

有一天，钟晓同部门的一个小女同事，一个长相不是很美但是很风骚的活泼女生，似嗔似喜地跟钟晓抱怨："那个谁，好讨厌，整天约我出去吃饭，还吃我豆腐。"

什么？！钟晓一下子觉得有受到欺骗的耻辱感。她还以为他就是那种柏拉图似的人呢，原来那是因人而异，原来自己给人的感觉竟然是无趣无吸引力的圣女贞德！

回家之后，钟晓就觉得自己感冒了！她去了医院，开了一堆药片。从医院回来，她打开电脑听齐豫唱经，突然莫名其妙地涕泪俱下，足足哭了五分钟，纸巾用了一大堆，室友在外面焦急地喊："你怎么了？！出什么事情了，一定要告诉我！"这个室友平时是一个尖刻的人，和钟晓的关系并不算太好，但是没有想到这个时候，她会这么仗义！

她哭完之后，觉得很无法收场。与其说悲伤残留，更多的是诧异："我怎么了？我疯了吗？我哭什么？"没有脸去面对室友，想出来上厕所都觉得不好意思。怎么回事呢？好像被一种很悲伤的暴风席卷，难以抵抗。

第二天，跟一个佛教徒朋友聊天，对方说：那说明在佛经中超度的灵魂在与你感应，你在替他们哭呢？钟晓很无言，只希望自己这一大哭，真的能为那些灵魂带来更美好的来世，也是不错的。

又过了几天，另外一个基督教徒朋友跟她聊起信教的过程，说她是被一句话打动的："放下你的包袱，跟我走。"她看到这句话，忍不住泪如决堤，感到一种从未有过的依恋感和轻松。

钟晓从小被教育成无神论者，无法真心实意地去理解这些信徒的思想，但是，她也感到：无论怎样，为了关心我们的人，为了我们自己，要好好爱惜身体。

生活习惯健康不健康，不关乎长寿与否，很多不抽烟不喝酒的人也会突然意外死亡。但是，它关乎你活着的时候每一天的生活质量，你的身体是不是健康到让你忘记它的存在。一个生理健康的人，也更容易是一个精神坚强的人。

她在网上看到有人形容一个活力无限的女人：活着的赖宁，站着的张海迪。虽然很好笑，但她决定也要做一个“站着的张海迪”，每次睡懒觉，就吼自己：“生前何必多睡，死后必定长眠。”

6

生日那天早上，钟晓暗下决心：再也不要想起他！下午，她约女朋友逛街，台湾男人发来短信：“听说你今天生日呀，生日快乐！”完全就是一副普通朋友的姿态。钟晓大病初愈，走在路上，心情特别好，看到这个短信，她小小失落了一瞬间，但更加坚信早上的决定是正确的。

人在生长的过程中，总会慢慢学会不因为别人的过错而去惩罚自己。我们这些笨小孩，还是要相信老天对一切自有安排。

女人在逛街的时候总是心情超美，最不好的时候就是看到价格牌上的数字。一切都在疯狂涨价，工资永远跟不上物价，这现实真让人沮丧，钟晓安慰同事说：人类因为有差距而去追求，因追求而保持活力，要做活力四射的新女性，所以我们要默认自己的收入，永远离目标都有距离。但是并不怎么能说服自己。

晚上，钟晓瘫在床上看自己血拼的战利品，心情很满意。突然电话响起来，是他的一个朋友，说你快来接一下他，他喝醉了，叫我们打电话给你！钟晓无可奈何，只好跑出去打了车，到卡拉 ok 找他。

他的朋友，一些看起来不三不四的家伙，和她一起把他扶上出租车。钟晓叫不醒他，只好带他回自己的住处，丫好像吃了安眠药一样，长睡不醒。

第二天他半醒不醒，又抱着钟晓，喃喃低语，施展他那套装可怜的手段，说他刚回了一趟台湾，哥哥的生意做得比他成功，父母对他很冷漠，台湾的女朋友又催他结婚，云云。

原来他在台湾已经有女朋友了。若不是这次酒醉，他估计永远都不会告诉她吧。

钟晓没再说什么，给他熬了粥，心如止水。过了几天，他打电话来："你快点来我这一趟！"钟晓气鼓鼓说："你还真把我看成是招之即来，呼之即去？"

他是带她去看一个新房子，问她，你觉得这个房子怎么样？我要是买下来，你觉得好不好？你觉得应该怎样装修呢？

钟晓完全摸不着他的门路，难道他这是在向我暗示什么？他是想包养我吗？不管怎样，她觉得很快活！女人，十分需要"被需要"的感觉，她们往往把"爱"和"被需要"等同起来。

回家的路上，钟晓对自己说：反正看不到未来，反正我的结局总是很糟糕，还不如先跟他好好谈个恋爱，至少我不会吃什么亏——呃，他那么有钱。

第二天，他的电话突然就打不通了，一连 10 天都打不通，钟晓气得要发疯。两个月之后，他打电话过来："我回台湾了！""你怎么不跟我说一声？"钟晓七窍生烟地说。他看着她，微笑不语，带她去吃昂贵的大餐。

圣诞节的时候，钟晓在外地的好朋友打电话过来，说要出差来北京。钟晓也不知道出于何种心理，给他打了个电话："我有个朋友要来出差，你能帮我到机场去接一下她吗？"他竟然爽快地答应了。

路上，他对钟晓说："晚上，我有几个朋友去唱卡拉 ok，你和你的朋友一起去吧！"钟晓知道他的所谓朋友，其实是客户，但也敷衍着说："待会问她吧！"接到了朋友，他们竟然你来我往地互相讽刺起来。

早前，朋友就听说了钟晓的这个所谓男朋友，催着她早点离开他。如今见了面，怎么可能放过机会，她笑里藏刀地频频出招，他也不是好惹的，不断杀将回来，钟晓听得很高兴——两个她爱的人，在她面前过招，而她是隐形的主角。回程路上，他果然又提议："一起去唱卡拉 ok 吧！"朋友坚决不同意，他显然很生气的样子，送她们到旅馆就冷冰冰地走了。

朋友回去后非常懊恼：她很恨自己这种充满恶意的态度，尽管对方是自己不喜欢的人，但是这种态度本身就是很糟糕的。她竟然对他有了歉意。但是第二天，他就打电话跟钟晓说：你那个朋友可真够讨厌的！钟晓一听，就火了！

可尽管就是这样一个小心眼的男人，她也丝丝缕缕地与他"交往"了两年多时间，他不开心的时候是黏人的绵羊，开心的时候是冷酷的狐狸。或许，正是因为他足够复杂，才吸引了她，让她欲罢不能。

"难道我是受虐狂，斯德哥尔摩症候群患者？"钟晓说。

这个糟心的事情，以他回台湾娶交往十几年的女朋友为妻，作为结束。

7

钟晓这个人，有个怪癖，每当一段感情结束，她就会把所有会引起记忆的东西扔掉，大张旗鼓，兴师动众！

而那与台湾男人建交的欲念被证明是傻叉想法之后，她想不出还有什么仪式能表达她的悲愤之情，就选择了“辞职”，而且是在失业狂潮中，逆流而辞。她决心要旅游一个月，让自己想清楚，这一辈子真心想过怎样的生活。

在路上的那些天，遇到很多可爱的女生。女人在一起谈的无非是美容和爱情。那些女生都非常大方地分享了自己的爱情经历，钟晓想如果自己什么也不说，是不是有点“来而不往非礼也”？她却发现，好多事情并不想再提，而且也会觉得好尴尬：那些男人，有哪一个可以说是她曾经的男朋友呢？都是含糊的关系，没有任何承诺的交往。

“我没有谈过恋爱！你们可怜可怜我吧！”钟晓只好以进为退，笑哈哈地大声宣告。她知道自己这样开玩笑地一说，没有人会真的因此去可怜她，只会去猜测她是不是有难言之隐，这是一种自我保护的手段。

钟晓问她们：“难道你们回忆过去失败的感情，不会觉得难受吗？”她们说：“不会啊，只会记得美好的事情！所以每回忆一次都会觉得很开心。”看来，那些在文艺电影或者文艺小说里，常常出现的选择性失忆的人，在现实中也比比皆是呀。

其中一个姑娘说：“我祝福咱们的前男友，前前男友，and so on，那些离开我们的人，从此之后遇到的姑娘都比我丑，比我肥，比我穷，比我脾气更坏！”

看着那些不断爆发出狂笑的面孔——好像她们从来没有这么开心过一样，她突然很讨厌集体旅游，这种貌似逃离生之痛苦的逸出，有一种铲除悲伤的隐性强制力，孤独和悲痛都仿佛是可耻的。

为了维护自己不开心的权利，钟晓离开了旅行中遇到的小集体，独自上路。她去了丽江，那儿的客栈开得密密麻麻，到处都是游客，空气里充斥着荷尔蒙的味道，好像在这个地方，不搞搞一夜情，简直是落伍的代表。

在离开丽江的路上，钟晓的身边坐了一个近中年的男人，不是很帅，但是笑容爽朗。他问她："你喜欢云南吗？""云南，挺好的，感觉是一个文化多元化的地方。但是，丽江，暧昧不清，我很讨厌！"男人哈哈大笑：我也是！钟晓说："但是大家都很喜欢丽江，我还怀疑是不是我的品位有问题。"

男人朝她俏皮地眨了眨眼睛（竟然不可厌，不让人觉得猥琐），说："真理从来都掌握在少数人手里！"他问她有什么旅游计划。"我想再去一下青海、西藏、甘肃，如果能再去一趟杭州、苏州什么的，就更好了！"男人笑得更加响亮了："你这种行为是毕其功于一役。"

他说："你一次玩得太久，就会审美疲劳。这就好比，现在很多年轻人选择当周末夫妻，不是日日夜夜地厮守在一起，偶尔见见，反而有新鲜感，感情的保质期更长！"

虽然钟晓对他说的话，当时不以为然。但她一鼓作气地玩了一个多月之后，觉得自己每天奔来跑去的，累得不行，后来竟然把旅游当成了自己必须要去履行的对自己的一个诺言，看景点变成了完成任务式的，再回味起那句话，更觉得人家是睿智的人。

话说，其实在大巴上聊天的时候，钟晓就感觉到了对这个人的强烈好感。不过，在谈话中，她得知他们的旅行路线非常不一样。出于一以贯之的宿命论，钟晓心想，如果还能遇到这个人，说明我们是真的有缘分。他们在大巴下笑嘻嘻地挥手告别的时候，钟晓心里有点惆怅。

缘分就这么断了——如果说还有一个小插曲的话，那就是，后来她遇到几个人，对她说，那个人打听过她的下落。又有人说，他身边有一个非常漂亮的小女孩，攀着他的胳膊，一副亲密得好像交往甚久的样子，但也有知情人说，那个女孩也是刚刚到这儿而已，也是独身来旅游的。

钟晓心里有些发酸，但是她说她几乎都已经习惯了。如果真的有一个好男人这么轻易地送到自己面前，她会营养过剩，中毒而亡。

8

钟晓从旅途回到正常生活之后，一个工作找到她，她发现，旅行并没有帮助她找到人生目标，旅游果然解决不了任何问题。但是荷包显然空了一大块。她接受了这个工作。

谁知，像是要报复她前两个月太悠闲，重任饿狼扑食似地扑过来，简直把她弄死。每天 12 点才离开办公室，早上 8 点就要坐到办公室里。这么高负荷的工作，为了追求事业进步吗——“如果我是一个男人，还可以理解。但我是一个女人，这又何苦？”钟晓宁愿小富即安。

在辞职的时候，她深信自己不会后悔。后来，她的这个想法或多或少有些动摇。那些，她轻易或者不轻易放弃的爱情，她在想她是不是还有一些遗憾。其中，是不是有一些人，如果自己再往回退一步，就有可能发展为老公？

但是，作为一名还是会介意对方是否有女朋友，对方是否善良，对方是否确实爱自己，对方是不是有正当职业，对方是不是敢于诚实，对方是不是孝顺……的女人，她知道自己注定不能顺利嫁掉。

为什么“宽厚”，“力量”这样的词语只能拿来形容男性？其实，在危难关头，常常是女性显示出更加非凡的勇气和力量。同样地，她也非常不能接受“原来你们的感情也跟正常人一样！”这样的话，她会问你：“什么叫正常？”

她爱的是女生

1

如果，不得不参加一个乏味透顶的 Party，但是 Party 上有一个美貌的女孩，即便是并没有跟大飞有任何关系，没有说一句话乃至于连一个眼神交汇都没有，大飞也会在那一天都心情很好，就像污浊的盒子里吹入了一丝甜蜜的微风，你触摸不到，但知道它存在。

大飞身边那些爱美男爱未来的女生，非常赏识大飞这样的人，她们希望大飞能够有魅力一些，再有魅力一些，把那些狐狸精都收入她的囊中——少了美女的竞争，美男这种稀缺的小动物，还怕没有个把落入自己的魔爪？

没错，我没有写错别字。大飞是“她”，不是“他”。

就像任何一个中性打扮的女生一样，大飞有过几次尴尬的如厕经验。她雌雄难辨地走入女厕，在她身后走着的女生却纷纷花容失色，倒吸一口凉气，迟迟疑疑不知该如何是好，差一点就要去叫保安了。大飞一无所知地从卫生间里走出，外面那些目瞪口呆的女士们，有的从她的面容辨识出同是女儿身，有的人非常不怕冒昧非常不见外地直接询问："请问，你是男是女？"

其实，大飞长得像《天水围的日与夜》里面的那个小男孩，是清秀俊朗的少年风貌，并没有强烈的男性气质。就像一个正宗的西北人那样，她浓眉大眼，轮廓清晰，几乎可以称得上漂亮呢。

有一次，大飞与同事们合影，后来拿到照片，大家一看，为何这照片中的人，gay和拉拉的眼神显得最清洁无辜？这是真的，除去那些做作的同性恋者，大部分同性恋者的眼神都很清澈——大约是因为他们大部分人都自动地悄悄挣脱了主流社会价值标准的约束，决计要做一个坦诚面对自己的人。

大飞平常不爱多说话，起先也从不愿意主动暴露出自己爱同性的特质。她身处一个同事关系十分和睦的工作环境，同事们或未婚或已离婚，于是相互之间愈发亲近。大飞是其中一个微笑多语不多的分子，但她性格耿直，头脑单纯，每一次集体活动，大家一定会叫上她。

有一阵，大飞突然开始找各种借口不去参加集体活动，而且出现在大家面前的时候也总是容光焕发暗藏喜事的模样。

"大飞，你是不是谈恋爱了？"有一次，大飞又一次缺席集体活动，大家忍无可忍，打电话过去，责她说出实情。"是。"大飞喜滋滋又羞涩地回答。"是男孩还是女孩？"问的人无意中诳了她一句。大飞是不会说谎的人，而且她认为这没必要隐瞒："女孩。"

出柜，它是一个巨大的解脱，这种感受难以言传。人们对于自己害怕的事情，通常采取两种态度，一种是逃避，死不承认，自欺欺人，另外一种是迎头而上，“我就怎么怎么了，怎么着吧？”

大飞自此坦然地带着自己的女伴出现在同事和朋友面前，再之后，这成了她对于任何陌生人亦无须隐瞒的事实，当然，自己的父母和亲戚尚未能包括在内。

有人笑称，北京是同性恋者的乐园，因为这个城市最大的优点是海纳百川。中国人很内敛，没有人会直接面对面地去指责那些手牵手在路上走的同性恋者，尽管还是会有一些猎奇的眼光投射到他们或者她们的身上，但越来越多的人已经接受了性取向的多元化。

有一次，大飞的一个异性恋同事遇到一个朋友请他帮忙找几个同性恋者来接受调查，特意补充了一句：“我不歧视同性恋。”那个同事大翻白眼：“拜托，这世道，同性恋不歧视异性恋就不错了。”

后来，这个人换工作到了其他单位，还跟大飞抱怨说：“现在这个公司里貌似全部是异性恋，真是单调无趣得很呢！”

话说有一天，大飞坐大巴车回老家，一个孕妇坐她旁边，一上车就哭得天崩地裂，弄得大飞尴尬无比，不知该如何出手相助。路上，她打了个电话：“我还有20几天就要生孩子了。我现在脚肿得走路都走不好。她一撒娇你就马上赶到她那儿。我要是在路上早产了怎么办。我和孩子就是死了，你也别来给我们收尸！”

大飞真心特别同情异性恋的女孩，她眼见着身边一堆堆如花似玉的好女孩嫁不出去或者被男人伤害，她就觉得真正是暴殄天物，恨其不加入同性恋的队伍，你好我好她也好！

2

有一天，大飞的舅舅来北京出差。大飞请他吃饭，在谈论了家庭成员的身体健康状况，以及讨论了大飞现在的工作之后，饭局陷入了沉默。终于，舅舅问道："你终身大事解决得咋样了？"

大飞敷衍地说，还没有呢。舅舅大惊失色："你真的还没有谈过恋爱吗？"大飞只好说："当然谈过，就是不太顺利。"舅舅长长地叹息一声："唉，我们家的人，太老实了，都不会谈恋爱！"

大飞被舅舅逗乐了，说起来还真是，她觉得自己的确不是一个很善于调情的人，她太诚恳，不懂得花招，不过她并不是很羡慕那些很善于谈恋爱的人，她觉得动机太强的人不过是死命挣扎，有何乐趣可言呢，除了自己觉得自己特聪明，愚蠢地自恋以外。

对比那些以技巧取胜的人，大飞宁愿选择面对自己的笨拙、尴尬、酸楚……那种通过走捷径来获得成功的人总是不太值得信任，此理论同样适用于爱情。大飞觉得自己身上被低估的一项美德是"诚恳"，她从来不会故弄玄虚地骗取别人对她的好感，她总是尽可能让别人感到自在，不低估别人的智商。有时候，有一些大飞已经忘记的人，在别的场合说："大飞是我的死党！"这话被转述到大飞的耳朵里，大飞只好说："好吧！"既不反对，也不承情。

大飞非常清楚自己的爱憎，她不会让别人的喜怒来决定自己的命运。但是，大飞谈起恋爱来，总是轰轰烈烈，把自己弄得神魂颠倒。其实，大多数人对于同性恋者的感情有一定的误区，以为他们或她们之间的爱情短暂如昙花一现，其实他们或她们也渴望长久、稳定的关系。

我曾经见过大飞带着一个台湾出产的美女小芽一块儿出现。那个女孩长发、妩媚，是男孩子们会追逐的对象，而她也曾经交往过很长时间的男朋友，只不过随着时间的流逝，对自我的认识越来越清晰之后，她觉得不能再容忍男人碰触她的身体，她爱的是女人。

大飞和她很亲密，就像任何一对热恋中的男女一样，两个人的手一直紧紧地握在一起，大飞偶尔会伸出手去怜惜地搂过女孩的头，安置在自己的肩膀上，小鸟依人的女孩也轻轻地嘟起嘴巴露出娇媚的笑容。虽然大飞不是那种体型魁梧的女生，但在这种时刻也显露出一种男性的宽厚与力量——这句话大约大飞不会愿意看到。

为什么“宽厚”、“力量”这样的词语只能拿来形容男性？其实，在危难关头，常常是女性显示出更加非凡的勇气和力量。同样地，她也非常不能接受“原来你们的感情也跟正常人一样！”这样的话，她会问你：“什么叫正常？”的确，被她这么一番质问，说那些话的人会意识到自己其实是带有太多偏见了。

大飞希望两个人能长久地依恋下去，但小芽说她不太相信长久的关系。大飞总是拿同样的问题去问那些交往很久的同性恋情侣，她希望得到一个可以指导自己爱情生活的答案。

有的人对她说：“我们不吵架，30 多年了，只吵过两三次，一个人生气的时候，另一个人就不出声，好在房子够大，可以躲起来。最要命的是，我太忙了，他现在也快要跟我一样忙了，所以，我们想念的时间多过相守的时间。”看来，追求事业能够解决“相看两厌”的难题。

有的人告诉她：“我们保持一种开放的关系。我们爱对方，同时也不放弃欣赏其他人的权利。我们会去世界各地，我们会和伴侣之外的其他人发生亲密的关系，但是当我们在一起的时候，我看着这个我已经认识了十多年的人，我依然觉得他很有魅力。”

开放的关系！大飞希望自己也能够接受，并且找到一个同样愿意接受开放的关系的伴侣。但是其实她迄今为止从来没有做到过，她本质上还是那个来自西北保守的小县城，愿意一对一地产生炽烈爱情的女生。她还是会去嫉妒那些与她爱的女人暧昧不清的女人，她还不能接受“出轨”。

大飞认识很多女同性恋者，她们组成了一个经常见面的小团体，她们会在一起办杂志、排演话剧、组织讲座……做很多很多表达她们的心声、展示她们的才华的事情。而在这个群体里，不乏有很早就自我意识很强，从小学就开始谈恋爱的伴侣，虽然分分合合，但她们的感情经过了时间的考验，也有很晚才认清自己性取向的人，但是相比异性恋，她们可能更加追求爱情的纯粹性，因为两个人都是女生，心理上是平等的，没有那种“男主外女主内”的观念。

3

很久以前，大飞还是小女孩。她是学校里的贾宝玉，被众多女生围绕，她喜欢和女生一起玩，但是这也根本无足为奇，因为在80年代的小学校园，天经地义的就是男生和男生玩，女生和女生玩。一则，大家都还是乳臭未干、屁事不懂的小孩子，二则，老师和家长都还很保守，生怕孩子早恋。

直至上大学之前，大飞从没有意识到自己是同性恋。在那个相对闭塞的县城，谁会去想这些？读书改变命运，是当地所有学生心目中的最高指示。

但是，时隔多年，大飞回忆起自己的中学生涯，有一段模糊的恋情，难以将它归类，却是她感情的启蒙。对方是学校里的一位年轻女教师，不过20岁上下，比那个时候的大飞大六七岁。

大飞是聪明伶俐的好学生，深得老师们宠爱，这位女教师也不例外。渐渐地，她们走得越来越近，大飞经常到女老师的宿舍里去和她谈心，两个人就像知心朋友一样。

可是有一天，不知道因为何事，大飞突然心里觉得烦恼——不再想继续这样下去。刚好又到了放暑假的时间，她每天待在家里，并不去找女老师玩。女老师竟给她写来很长的信，诉说自己的生活琐碎以及她在这琐碎中感受到的无法言传的烦扰，还责问大飞为什么不再理她？

大飞没有回信。于是在一天傍晚，女老师突然来到了她的家。大飞又惊又窘地将她带到自己的房间，她说着说着，竟然还哭了起来……

故事发展至此，就几乎可以说是结尾了。在那样一个寂寞的地方，很难说那就是爱了。而那个时候的大飞有更重要的事情要做，她成绩好得令人发指地考上了清华大学。

那可以算作初恋吗？很难去定义。但是，这段感情预示了大飞未来的感情走向，她渴望心灵交流，“没有人比我更能懂你”这句俗滥得要死的话，当它实践到现实中，实践到自己身上，就会有完全不一样的感动。

在大学校园里，大飞还结识了一个男孩子，是大飞欣赏的那种异性，聪明、诚恳、有气魄，两个人感情刚刚走入暧昧的阶段，大飞就觉得很不舒服，非常不舒服。那是一种来自生理的感觉，导致她后来在心理上也觉得难以接受这份感情。

她还是喜欢跟女孩子一起亲密地躺在宿舍的床上谈天说地。有一天，一个朋友有意无意地对她说：“如果，我认识的人有同性恋的话，我觉得你最有可能。”虽然一笑置之，可这句话竟然在心里生了根，挥之不去。

在那之前，她顶多自认为是一个中性气质的女生，从来没有想过……有一天，她和一个女朋友玩闹着互相亲吻，才开始确信自己的取向，但她还是把这当作一个需要隐瞒的身份。

4

小雪是大飞交往最久的一个女生，也就是那个令大飞在朋友们面前出柜的女生。她比大飞小 8 岁，认识大飞的时候，小雪还是一个大学二年级的小女孩。

可是这个小女孩在情感问题上一点也不幼稚，她和大飞最重要的区别就是，她和她的那些女朋友，从来就没有把性取向当作一个值得去纠结烦恼的事情。爱男生，或者爱女生，有什么区别呢？

她们这一代人成长的阶段，是中国的物质生活逐步丰富并且走向繁荣的时期，她们看着电视和日本漫画长大，而且最爱看的就是那种——两个漂亮的男生互相爱慕的漫画。在小雪的高中年代，她就已经开始化妆，并且交往过了好几个女朋友。而在小雪的大学宿舍里，竟然也有三分之一的女生是拉拉。

大飞的朋友将小雪介绍给了大飞，小雪能够感觉到大飞对她的喜欢，但大飞羞答答地总是不采取行动，小雪便主动将小手交了过去……之后，小雪就从学校的宿舍搬了出来，住到了大飞的家里。

小雪漂亮，而且烧得一手好菜。大飞曾经在某一段时间成为大家羡慕的对象，因为她总是带着一个漂亮的饭盒，里面装有搭配得很漂亮的饭与菜，还配有新鲜的水果。这是小雪在前一天为她准备好的爱心盒饭。

她们的感情维系了一年半的时间——就好像一个成熟的男人娶了一个年轻的姑娘一样，他错不该要求一些她原本未加思量的东西，比如思想交流。

小雪，和她同龄的那些小女孩一样，喜欢逛街，买无穷的衣服和首饰，喜欢看综艺节目……但是大飞，憎恶逛街，希望有人能和她一起谈论类似于"中国的未来"、"克尔凯郭尔的孤独人格"之类有思想交锋的话题。

就在这期间，大飞的妈妈给大飞打了一个电话。

——大飞，能不能问你一个事儿？

——你说嘛。

——你……的个人问题……你有没有相中的人?

——能不能不要说这个啊?

——我们是你的父母啊。做父母的心，你替我们想想……

——哎呀，你们能不能想点别的?

——我们关心你啊!

——好啦，我告诉你，行了吧?有一个。但是ta还在学校上学。

——读博士呀?

——什么呀?（转念一想，根据自己这年龄来推算，可不就是吗?忍了!）

——家里条件怎么样?

——什么家庭条件?就是普通人家!

——还在上学呀，那不得你养着他?

——不用!

——他有兄弟姐妹吗?

——没有，独生子女。

——怎么还在上学呢?那，你们今年能结婚吗?

——你们想到哪儿去了?

——你催催他!要不我下个月过来看看?

——不行!（坚决地大吼一声）我每个月都要出差好多天!

还好，父母最怕的事情有两件，一件是怕子女不结婚，一件是担心子女丢了工作。婚恋对象还在他们的唠叨范围内，工作内容基本上懒得给他们解释，他们也小心翼翼地不敢瞎提意见，只会说一些比如“领导赋予了你这个重任，你要兢兢业业地完成，不要辜负期望！”之类的话。

5

后来，大飞的妈妈还是见到了小雪，只不过，那已经是她们分手两年之后的事情了，小雪是大飞诸多朋友当中的普通一员，而且在彼时彼刻，小雪已经有了一个男朋友！

“大飞，瞧你做人多失败！女朋友跟你分手之后，一定是觉得女人都没有一个好东西，所以才去找了男朋友。”好朋友们都故意逗大飞和小雪。大飞也笑嘻嘻却认真地说：“我觉得，人就是应该多尝试呀！”

可是，大飞自己的恋爱并没有那么的顺利，她与小芽分分合合多次，给双方都带来了很多痛苦。大飞说，小芽是一个很多愁善感的人，常常伤春悲秋，为很多事情不开心，她觉得小芽很可怜，便总是尽力去安慰她——虽然，安慰别人从来不是大飞的强项。

但小芽让大飞觉得恼怒的是，如果她们之间有一点不愉快，小芽就会提出分手。吵架，在情侣之间是多么常见的事情，小芽难道还天真地以为感情世界里只有美好？童话看得太多了吧？

这段感情，看起来又好像是一段将要无疾而终的故事。大飞不是一个容忍力很强的人，在她的人生中，充满了“宁为玉碎，不为瓦全”的选择。

“大飞，你应该去寻找一个年龄更大一点的，比你更成熟一些的女人！”朋友都这样劝说她，大飞并非没有这样想过，但是她有一个致命的欲求，她喜欢长得漂亮的女孩，她希望女孩子无论是在外面还是在家里，都能够打扮得清爽可人，除此之外，她还必须是内外兼修的——这样的女孩，毕竟是少数。

雷蒙德·卡佛有一篇小说，标题是《当我们谈论爱情时，我们在谈论什么？》，“关于男人、女人、关于伤痛，那些生活的本质，那些以为自己了解了却只是一鳞半爪的事，那些翻来覆去的讲述，说真的，我们到底在谈论什么？一个女人的一生，不顾一切地投入、漂泊，我想，大概人就是要这样度过了，只会拥有短暂的美好或者伤痛，永恒的东西是不确定性、犹疑。但对自己来说，重要的是，始终保持离开的勇气，让自己坍塌，分崩离析，再开始新的建设。”

大飞有一个女同事，与大飞同龄，有一天，她无意中与大飞聊到了自己，竟然大哭了起来：“我都 30 岁了，我什么也没有，工作没有什么前景，也没有男朋友，我想我可能嫁不出去了，我还想要一个孩子，我已经是高龄产妇的年龄了，我该怎么办，我以后能生出一个健康的孩子吗……我该怎么办？”大飞不知道怎么去安慰她，但是这令大飞回家之后想了很久。

思考的结果竟然是庆幸，她庆幸自己是一个同性恋者，所以她已经早早地放弃了结婚生子的欲念，她对自己所做的规划是：“10 年之后，我希望自己能生活在另外一个地方，仍然健康、心胸开阔；我希望自己能写出至少两本让自己满意的书。写作之外，培养出另外一个兴趣，让生活更丰富，以及，最好能够拥有一段稳定的、相互支持和滋养的关系。”

原来，一个人在结识一个男人的时候，应该依序问他三个问题：1. 你有老婆吗？2. 你有女朋友吗？3. 你有男朋友吗？如果得到的都是No！No！No！那再考虑是否和他交往吧。

他居然是gay？

1

“我们有胸又有脑，怎么就找不到男朋友呢？如果他希望找一个有胸无脑的女生，我们也是也可以假装没有脑的嘛。”

说这话的是一个要穿I罩杯的女生，注意，是“ABCDEFGHI”的“I”！原先，她一直都艰难地把乳房装进D罩杯，但是不久之前，她去了一趟香港，进了售卖内衣的商店，她依照惯例，眼都不眨地对店员说：“把你们店里最大的胸罩拿给我！”店员拿给了她E罩杯、F罩杯……穿上去都不是很舒服。

“等等，我这还有一个压箱货！”店员飞快地钻进后仓库，拿出一个几乎可以给瘦小个子的女生当吊带背心穿的内衣，用很惊喜神秘的语气对她说：“I！”

“原先，我一直认为蔡依琳说自己G奶是吹牛，现在我终于相信了她！”小夏说。不知是港版胸罩和大陆版胸罩度量单位有区别，还是大陆妹妹们一直在受压抑——不敢直视巨乳的夺目人生。

令平胸女生们难以置信的是，小夏一直很讨厌自己的乳房。在她的青春期，她的乳房如得神助一般突飞猛进地增长，她们家族里的女人都没有这样的，身材都是普通型。只有小夏，乳房尺寸大到妨碍身体平衡的程度，这给她带来了无尽烦恼。

女同学跟她相熟到一定程度，就没顾忌地讪笑她："你跑步的时候，会不会被自己的乳房打到脸？你去餐厅吃饭的时候，是不是要先用手把乳房抬起来搁到桌子上？"小夏不是保守害羞的人，也跟着她们一起大肆嘲笑自己的乳房。

自嘲归自嘲，每次要上体育课，小夏都会跑到厕所用白布把自己严实包裹起来，她害怕在剧烈活动的时候，胸部颤抖得太厉害，引发同学老师们的注目礼。所以，在小夏成年之后，尽管朋友们一再宣扬大胸脯之于女性魅力的递增关系，她倒更希望做一个胸部平平，可以不穿胸罩就能出门的女生。

朋友对小夏说：以后有了男朋友，你就随时随地给他发一个言简意赅的短信："I！"一语双关，既音同"爱"，又提醒他，能找到"I罩杯"的女朋友是多么大海捞针的事情！

等一等，胸大到这样一个地步的女生，你一定以为她很痴肥，亦或很难看，总之上帝应该是公平的。但是，小夏除了胸部以外的其他身体部位，无不合情合理，增一分则肥，减一分则瘦。相貌也温婉可人，以至于常常被老板带出去见客户——她在一家外资企业工作，英语和德语都说得特别流利，是她多年在德国留学的成果。

小夏在德国的时候，有过一个超级帅的男朋友。但是一个人长得太漂亮，就会从小被娇宠赞美，继而很容易长成一个自恋自私的人，那个男朋友就是一个一切以自我为中心的人。伤了心之后，小夏才决定回到中国。但她没有料到，国外因为种族差异难以找到男朋友，国内也很难遇到意中人。

2

“街上的帅哥，都有男朋友了！”这是一句玩笑话，但是，它竟然应验在了小夏的身上，真正让人体会到了“人生如戏”。

从头说起——

小夏回国之后，和自己的小学同学婷婷联系上了。婷婷介绍她去了她现在的这家公司，适逢婷婷那个时候刚刚和男友分手，两人便经常在一起泡酒吧，聊天。婷婷是一个交友很广的女生，总是要出席不同的饭局，有的时候，她便带着小夏一起去。

饭局是一种特属于中国人的社交场合——在热气腾腾的食物面前，人容易卸下盔甲，中国人不习惯兵戎相见，谈生意谈情都要隔着一层事物去进行。所以，只要你愿意，你会发现你总是能去参加莫名其妙的各种饭局，并在饭局上认识奇奇怪怪的人。

小夏虽然有很吸引眼球的体型，但她总是过于安静，存在感较低，她也把自己当空气，微笑地坐一边。那一次，丁坐在她旁边。丁个子不是很高，但很结实，长相是长辈们很喜欢的那种——额头饱满发亮，眉浓而眼带笑，鼻头圆润嘴唇丰满，也就是很有福气的面容。丁的个人背景也很好，在一家很好的公司工作，月薪两万多元，据说还是书香门第，家境优越。

据婷婷说，丁本来不是一个热衷于参加饭局的人，但自从认识婷婷之后，竟张罗着组织了好几次饭局，其他人都挤眉弄眼地笑他醉翁之意不在酒。再之后，丁开始单独约会小夏，集体饭局他们俩几乎都不再参加了。

他们在北京走街串巷地找美食杂志上推荐的餐馆，手牵小手把北京的景点全部重新逛了一遍，竟然逛出了新意，决定不定期地去颐和园、北海公园、故宫……并打算假期去欧洲旅行。

丁有一个特点，特别热爱健身，他还叫上小夏一起去。小夏去了几次，都觉得很不自在，因为那些和丁很热络地打招呼的人，看起来都很像是gay，他们看小夏的表情也都怪怪的，好像她是一个异类，根本不像以前她身为别人的女朋友被带出去见男朋友的朋友的感受，以前的那些男人会贼溜溜地在她身上打量，而健身房的这些男人好像都对她的身体不屑一顾，倒是眼馋地盯着丁的胸肌。

有一天，丁约小夏和她的朋友们一块儿去采摘草莓。他开车到小夏的楼下等她，小夏喜滋滋地坐上丁的汽车，看了一眼丁，下巴都快要掉下来了，丁穿着一件淡咖色的T恤，是一个大V领，胸肌若隐若现。

小夏有点气恼地说："你怎么穿成这样？""我觉得很凉快啊！"丁毫不以为意。到了采摘园，婷婷也跑来问小夏："丁怎么回事？他有点娘哎！他不会是 gay 吧？”小夏很忧愁地说：“我也不知道。”婷婷问：“你们认识也快两个月了，你们……做过吗？”

小夏老实地回答说没有。婷婷翻了她一个白眼：“你们是中学生吗？还这么纯情。除非他是 gay。”婷婷又怂恿她：“你们做一次吧，做一次就知道是不是了。”

小夏说：“gay 也是可以做的吧。”婷婷拍了一下胸膛：“我保证，根据我认识这么多 gay 的经验，gay 不会愿意跟女人上床的。有一个 gay 跟我说，他有一次酒醉之后亲了一个女生朋友，后来回想起来，简直要呕吐了！”

从草莓园回来之后，小夏开始注意丁的穿着打扮，她发现他真的……很爱穿紧身 T 恤，她提醒过他好几次，他也置若罔闻。小夏给丁买来各种具有男子气概的衣服，但是都被丁搁置在一旁，丁说：“我很珍惜你送给我的礼物，我哪舍得穿呢？”

虽然感觉怪怪，但是，丁对小夏非常体贴非常温柔，时不时地派人送花到她的办公室，或者制造甜蜜的小惊喜，令小夏在同事面前倍儿有面子。

可能，现在的潮男都是这样的吧，而且他是南方人，所以难免会有一点娘。还有，胡军那些那么 man 的男演员，偶尔不也穿紧身 T 恤或者衬衫一大半的纽扣都不系地出来亮相吗？小夏再三地向自己解释。

小夏很喜欢丁的一点是，丁从来都不让她付任何账单，以前那个外国男朋友从来都是跟小夏 AA 制，当然那是外国人的习惯，但是还有一些中国男生，明明是他非要跟你约会，却在吃完饭之后只付一半的账单。真不知道他们是太国际化了还是小气鬼！在小夏看来，并不仅仅是钱的问题，而是在于你会疑心，他是不是心里根本没有把你当作交往的对象，所以不愿意为你多花一分钱。

3

那一天终于来了。

前一天，丁给小夏打了一个巨长无比的电话，以至于她不得不把手机插上电源，以免突然断电。她曾经听说这样插着电源打电话非常不好，可能引起手机爆炸——当然这可能只是传言，她还是有点心惊肉跳，但又不忍心挂断丁的电话。

因为丁在和她讨论他们俩的未来。

小夏说："但是我们才认识三个月，交往不到两个月。"丁很认真地说："但是我一见到你，就觉得你是会和我一起走到老的人。"

"我真的有这么好吗？""小夏，我觉得我们俩特合适！我们俩一定能够一起走到老！我们要是有个孩子，那该得有多聪明漂亮！"

丁告诉小夏说，他的父母马上就要到北京来看望他们了，因为听说自己的儿子终于找到了一个女朋友……对了，小夏也曾经问过丁以前的感情状况，丁说自己一直没有交到女朋友。丁给出的理由是他太挑剔了，而且他又很被动很宅，前些年又在拼事业，等等。

丁说自己的父母是很内向很不善于表达感情的人，希望小夏见到他们之后不要以为他们在冷淡她，实际上他们是很看重她的，像小夏这样乖巧的女孩，一定会很讨父母喜欢的。见面方式不如就是带父母去一家餐厅，大家边吃边聊，比较不会尴尬……

在电话里，丁还谈到更远的前景，他想去买一个更大一点的房子，其中一间是给他们的孩子做玩具房。他说不如下周一起到处去看看房子，一定要选一个小夏喜欢的楼盘，最好旁边有学校，这样小夏去接孩子放学就不用跑得太辛苦。还有，不能离公园太远，那样的话他们一家人就可以在傍晚手牵手去散步……他描述得太美好，小夏简直都要嫉妒那个未来的自己了。

丁说，他们的婚礼一定要办得不俗，不要那种大张旗鼓但其实又是千篇一律的仪式，但是还是要请家乡的亲戚朋友吃一顿饭，之后他们就去国外度蜜月，在路上找一家美丽的小教堂，请陌生人见证他们的爱情。

丁还说：不如我们见完父母之后就去领结婚证吧！

小夏听起来有些懵，这就是传说中的求婚吗？但是在听丁说这些话的时候，她觉得好开心！真正地体会到了喜悦的感觉。她不想马上给丁或者给自己一个答案，只想沉浸在这种快乐里。

那一天，丁把小夏邀请到了他的家中，喝了很多很多红酒，她留下来过夜了。

到了早上，丁去上班了。小夏兴奋地给婷婷打电话："他不是gay！"婷婷心有灵犀地用力哈哈大笑，真心地为她祝福，但是劝她结婚还是要慎重一些。另外，婷婷还诡笑着说，你们结婚之后，你要劝丁改改他的穿着打扮，以免有男人跟你抢男人！

小夏很认真地筹划了一番，打算最近就带着丁一起去购物，为即将到来的父母购买礼物，为他们不久就要共建的家庭补充物质基础。她还打算劝丁以后不要去那个健身房了，不要和那群怪怪的男人做朋友了。

4

可是，就在小夏兴奋惶乱地规划未来的时候，丁突然失踪了！

他们本来约好一起吃饭，但是他没有出现。小夏一整天不停地给他打电话，始终是关机状态。难道他突然被派去外地出差，没有带手机吗？但是，他不可能不记得我的电话吧？怎么不用公用电话给我打个电话交待一声？小夏流着眼泪一夜失眠。

隔天早上，小夏打电话叫醒了婷婷，和她一起冲到丁的屋前。敲门自然是无人应答。小夏想，难道他煤气中毒死掉了吗？她脑袋里闪过这个疯狂的念头，立刻眼泪不止，打电话给开锁公司请他们来帮忙撬门。

开锁工人花了两个小时的时间，才撬开那个严防死守的防盗门。大门一打开，她们俩就飞奔进去，屋里一切正常。没有煤气泄露的味道，没有打斗抢劫的凌乱，没有自杀、心脏病发或口吐白沫晕倒的男人。桌上倒是有一些新鲜的水果和食物，看起来主人并没有打算出远门。

对面的邻居走过来张望，是两个看起来关系很亲密的男人，都赤裸着上身，他们说："他失踪了？他被带走了！"什么？

其中一个人说："前天半夜，有几个警察过来敲我们家的门，手里拿着他的照片，问我认识不认识他？我说我们一起对门住了两年，但是互相不认识。警察就去敲他的门了……之后我就不知道了。”

婷婷对小夏说：“他肯定是犯了贪污罪吧。你不是说你们要结婚，他要给你买一套你喜欢的房子吗？他肯定是手里没有足够的钱，就动用了公款！”小夏听她这么说，也觉得有道理，心里百感交集，虽然伤心痛苦，但她觉得一定是因为他太爱她了。她觉得，她一定要想办法，哪怕是找自己的父母和朋友借钱，也要把丁从监狱里捞出来。

她们俩赶到公安局，四处打听，得知丁的确是被拘留起来了。问警察丁到底是犯了什么罪。警察死活不肯松口。婷婷问：“是经济案件吗？”警察摇头。婷婷沉默了一会，又问：“难道是嫖娼？”警察还是什么都不说，只是点了点头。

小夏一听这话就冲出了警察局。

还是婷婷的话改变了她的想法，婷婷斩钉截铁地对她说：“每个男人都会去嫖娼的。我无法相信一个人在性上一辈子只忠诚于一个人。”婷婷的推论是，丁一定是因为要和人谈生意，谈生意总是要招待客户，那就一定得去夜总会了。常在河边走，无人不湿鞋。

小夏想了想，觉得她说得有道理。如果两个人心灵互相依赖、精神契合，偶尔出轨一下又有什么呢？眼睛里揉不得一粒砂子的人是无法获得幸福的。

况且，小夏觉得自己真的很爱他——因为他对她无微不至的关怀，而且他是一个有前途的大好青年。现在四处都是不靠谱或者爱无能的男青年，丁即便是嫖娼过，那也比他们都强！

有朋友告诉小夏，说这是因为北京在开展“惊雷行动”。她们上网搜索了一下，看到以下信息——

北京警方6月30日宣布，为确保建国60周年大庆安全，当日起开展为期60天的“惊雷”行动。行动中将大量动用便衣刑警，重点打击娱乐场所内可能存在的黑恶势力犯罪。其中，以合法经营为掩护的歌厅、洗浴、酒吧等场所利用色情服务和卖淫嫖娼实施敲诈勒索和在封闭院落、租用的写字楼和民房利用棋牌室为掩护开设赌局聚众赌博，以及在娱乐场所、宾馆、饭店聚众吸食毒品的团伙成员及窝点均是打击的重点对象。

网上还说，已经有六七千人在惊雷行动中被捕了！

身处群体之中，一切的荣光或者罪恶都会分而化之。出于对官方的一贯抵触，小夏那一刻甚至觉得丁是一个受害者！一个太倒霉的人！

她真希望丁能够平安地回来。如果丁再跟她提结婚的事情，她就马上同意嫁给他！甚至，她还想好了，等丁出来之后，她绝不会主动跟他提起这个事情，她要表现得很大度，这样他们的关系才能继续维持下去。

5

可是，事情并非小夏想的那样简单……

小夏害怕丁在监狱里遭到不好的对待，四处托人打听丁的具体消息。结果得到的内部消息是：丁是一个gay！而且，他属于在某某公园附近活动的同性卖淫团伙，还是主要的成员。

有好几天，小夏都像做梦一样，上班的时候魂不守舍，差点被老板开除。

可是，就在这个时候，丁的父母打电话给她了，说想见见她。小夏不知道该如何向丁父母说丁的事情，是告诉他们实情还是不说为好？

果然，丁父母根本不知道丁为什么会被抓进去，丁的朋友骗他父母说是丁酒后驾车不小心撞伤了别人。丁父母都已经头发花白了，看起来是很善良低调的一对老夫妻。他们叹气说丁怎么这么不小心，还筹划着出钱把丁保释出来。

小夏把撬门之后换过的新钥匙给了丁父母，这对通情达理的老人还把撬门和换锁的钱给了她。显而易见，丁父母对小夏很满意，很希望她能够成为他们未来的儿媳妇。

又过了一个月，丁给小夏打来了电话，他矢口否认警局对他的指控，说自己是被冤枉的，说他只不过是恰好和朋友到那里去玩，被误抓了进去，百口难辨。

但是小夏已经对他心灰意冷，对丁说，我们还是当普通朋友吧。

后来，婷婷对小夏说，有一天她在路上遇到了丁，丁正和一个男生亲热地打闹。婷婷很同情小夏，两人慨叹美好的爱情怎么这么不堪一击，又是这么虚假，她们不得不怀疑，自己虽然已经30岁了，仍然像少女一样天真幼稚，无法看清复杂的社会现实。

但是，小夏也听说过一个更加不可思议的事情——有一个女孩，她希望自己能够一个人自由自在地生活，但是又厌烦了被父母逼婚，她就选择了和一个gay结婚，他们办了一个隆重的婚礼，决定逢年过节的时候帮忙去对方的家乡问候父母，但是不住在一起，各自过各自的生活，其实也是很美妙的，不是吗？

小夏设想过，其实和丁一起生活也未尝不可，他是一个体贴的人。他可能就是想利用自己给父母一个交待吧，等结了婚再偷偷和其他男人交往……他真是太自私了，小夏越想越觉得愤怒。

这个事情让小夏觉得筋疲力尽，很长时间都缓不过劲来，但凡看到一个比较清秀或者比较干净的男生，她都会“一朝被蛇咬，十年怕井绳”地想：他该不会是一个 gay 吧？！

原来，一个人在结识一个男人的时候，应该依序问他三个问题：1. 你有老婆吗？ 2. 你有女朋友吗？ 3. 你有男朋友吗？如果得到的都是 No！ No！ No！那再考虑是否和他交往吧。

6

小夏是香港马家辉的粉丝，她喜欢读他的书以及对他的访谈。有一天，小夏看到马家辉写他 2008 年到台北看望高信疆先生，他躺在病床上，头发掉光了，但笑容仍是开朗的。直至说到肉体之痛，高先生忽然眼睛泛红道：每当痛到受不了，我便回忆跟元馨（高信疆的太太）的约会过程，去哪里看第一场电影，第一次在哪间餐厅吃饭，第一次牵手，第一次接吻……想到这些，身体便舒服得多。

原来爱情的功用是这样的，不仅仅是当时的欢愉，还在于它可以在人痛苦的时候充当抚慰剂。小夏想：远的不说，在我生病的时候，我会回忆起与丁相处的点滴吗？

倒是……想得起来的，如果刻意去忘记结局的话。小夏决定只去记忆那些美好的部分。做一个 gay 也挺不容易的，为了迎合别人的期望，迫于社会舆论的压力，只好做出这样的选择。小夏希望丁能找到一个英俊、体贴的男朋友，好好地过一生。

有一天，小夏下班出门，看到丁站着门外等她，他们一起去了以前他们常去的那家餐馆，丁还记得小夏以前爱吃的菜，细心地为她点了来。

丁说，我无论说什么，你现在都不会相信我了！但我希望我们仍然是好朋友。这些天来，小夏心里已经积攒了浓厚的同情心。所以，当丁提出："我知道这要求很无耻，很冒昧，很不合理，但是我真的很想请你帮我一个忙，陪我去看看我的父母，他们真的很喜欢你。"小夏想都没想就答应了，她喜欢那对安静的老夫妻。

回丁老家的那一天，正在下雨。他们是坐火车去的，她一直都记得不知道是谁说的一句话，"世上可有任何事物，比雨中静止的火车更忧伤？"

丁的家乡在烟台，一个很安静的海边小城。小夏突然想："如果是古代的女人，真的嫁到这里，可能就再也回不去了呢！即便婚后发现丈夫是 gay，也只能容忍。如果再碰上凶恶的公婆，还会因为她生不出孩子，对她恶语相向，但她有苦难言……还是当一个现代妇女好啊！"

丁的父母简直是完美的公婆典范，连对自己的孩子都客气得不行，尽他们所能地让丁和小夏过得舒服，还事先打听了小夏爱吃什么菜，特意为她准备。最优美的是，他们一点也不絮叨，不像别的父母除了催促自己的子女赶快结婚就没有别的话说，丁的父亲爱好书法，他还特意手书一幅“翩若惊鸿”的草书送给小夏，丁的妈妈喜欢做各种手工制品，她亲手把一块鲜艳的土布做了一个手提袋送给小夏，说这是环保袋。

丁父母绝口不提小夏和丁的关系，丁爸跟小夏聊历史和艺术，丁妈妈和小夏聊手工、聊厨艺，小夏真心地觉得和老人家待在一起很幸福。小夏想：如果丁不是同性恋该多好。她很想问老人家：“你们知道你们的儿子是 gay 吗？”

丁在这个时候，反而像一个多余的人了，因为丁父母的注意力都放在了小夏身上，丁有时候笑着抗议：“喂，我才是你们的儿子！你们忘记了吗？我都要嫉妒啦！”

回北京的那一天，居然又下雨了，小夏心情愉快地看着火车站想：“谁说雨中的火车忧伤呢？”想到火车连着她和这对可爱的老人家，她觉得特别温暖。

“以后，我可以经常去看看你父母吗？”小夏问丁。丁特别高兴地说：“那得经过我的批准才行！”

小夏说，生活真奇妙，让她交往了一个 gay 男友，而且竟然这么 nice！这可是比闺蜜更难逢的缘分。虽然，现在她还是一个三十未嫁的姑娘，但也觉得心满意足得很咧！

雁姐风风火火地在北京活了这么些年，渐渐地有些感到疲累了。虽然，她并不是一个爱情至上主义者，但是，一个安稳的家，一个随时可以依靠的肩膀，她还是很希望拥有的。

发大财的信念不能丢

1

市场上卖的很多产品，是用来折磨女人的，比如让你的皮肤火烧火燎的药膏，是用来消脂的，比如像手术室用具的镊子，是用来把那些让你不满的眉毛连根拔去，比如“肉毒杆菌”这种名字很邪恶的东西，每个年过三十的女人都恨不得每年受它一针……连王菲那些仙女一样的女人都不能免俗。

但是雁姐不是这样的女人，她头发烫得好像爆炸过十次，至少让她那张巴掌大的小脸增加了三倍，她爱穿着掐腰的小西服，还笑嘻嘻地告诉别人：“没办法，不好意思，这是天生的。”并且说出一句让人生恨的话：“我从来不节食，从早吃到晚。”

而且，刚认识她的人，会觉得她手舞足蹈得令人讨厌。她活得像个热气腾腾的包子，嗓门响亮，总是在不停地有意无意地炫耀，她和各类名流都混得极熟，“昨天李某某（某歌星）他们去唱K，叫我去呢，我没去……”“某某是我的前男友，当时他的那个商业主意也是我出的，我就是随便一想，和他随口一说，对他来说是很大的启发，现在也赚了大钱了……”“我那天和某某集团的老总吃饭，就王某某，我和他瞎聊，他叫我去给他当前台，说我往那一坐，特给他长脸……”“冉某某，就是搞私募基金的那个，和我很熟，我帮他介绍可多女朋友了，他太挑了……”

作为一个跟她不熟的人，听她这样源源不绝地说些不知真假的东西，简直会有一种受迫感，好像有义务要去回应她，赞叹她的交友广泛，但后来你会发现，她根本不需要你的回应，她只是想发泄她的表达欲。你轻松下来之后，才能去注意到她很精巧的五官，她几乎不化妆，但是肤质娇嫩得要命。

而且她瘦，站在大风里抽烟，像一柄刀锋！

她到底是做什么工作的，实在很难说清楚，反正现在高级的人都从来不说自己具体干什么，只会轻描淡写地说：“在做一个项目。”更高级一点的说法是：“在帮朋友做一点项目。”好像他们已经完全不用为稻粱谋，只是出于兴趣和义务，天生丽质难自弃地做一点事情，然后挣大把的钱。

她说别人都叫她雁姐，可能是因为她身上的确有一种大姐大的气质，虽然她长得娇小雪白，就像一粒小米。和她见面的时候，她也总是电话不断，用甜得发腻的声音跟人讲话，谁都是她的“亲爱的”，但是她的思路却不因此陷入混乱，她总是能够条缕分明地一把抓住问题的核心，直截了当地说出别人的真实要求，并给出非常具体的答案。

像这样的一个女人，养条狗就好了，何必结婚呢？想谈恋爱的话，自然有大把的男士亲自送上门——她无法不令人这样先入为主地设想。男人会爱上她的美貌，但也可能会被她的咄咄逼人吓退。

2

雁姐哭了起来，毫无预兆地，吓人一大跳。

“他是我永远的伤痛。”她双眼含泪，成串地滴落。

“他”不是一个成年男人，是一个八岁的男孩，她的儿子。她妈妈打电话告诉她，孩子喜欢跟街上的小混混们玩，整日不着家。

其实，她从未结过婚。

20 岁那年，她是大三的女学生，貌美如花，众多异性追逐的对象。但是她骄傲，一种莫名其妙的骄傲，她并不太看重自己的外表，也还懵懂，不太考虑未来。同宿舍的女生们在焦虑“如果陷入一段毫无利益可得的恋爱，可该如何收场？”她和她们不一样，她们想找到一个可以在毕业之后帮助自己找到好工作的夫家，她想的是，出国继续上学。

学校的食堂，在周末的夜幕降临之后，会变成简陋的舞厅。黯淡的灯光下，姑娘们的香水味混合着烂白菜叶子的味道，是一种令人作呕的纸醉金迷。

那一天，是离校前的最后一次舞会，第二天就要各自返家了，所以她也顺从地跟着同宿舍的女生去了舞厅。

她超强的忍耐力消融在舞厅里你侬我侬的情爱表象里，再平凡的姑娘在男孩子轻搂腰间的姿态中，都呈现出强烈的女性气质。她不想做“壁花小姐”（舞厅里，没有男孩子邀请跳舞的女孩，只好一直贴壁站着，像壁纸上印的一朵花）。

那是他们第一次见面，准确地说，他从没见过她，而她早就知道他，远观过这一位学生会主席。他是上海人，长相上来说，是江南人里的帅哥代表，个头也很高。他邀请她跳了一支舞，然后，接下来的每一支舞，他都是和她一起跳。

她突然发现，这样莫名其妙地搂在一起旋转，是会让人有眩晕感的，就像吸了毒品一样，晕陶陶地没了自我，每个毛孔都觉得舒坦，都能够大口大口地呼吸。

之后，事情进展得太光速了，他们那天晚上都没有回宿舍。第二天，他们分别回了老家。而过于戏剧化的是，一个月之后，她发现自己的月经迟迟不来，悄悄用试纸检查了一下，竟然怀孕了。

他走之前给她留了电话，她不敢打过去。但是，她太害怕了，除了想到跟他说，再没有别人可托付这个秘密，太沉重了。

“你好。”听到他的声音，她觉得很陌生，说：“是我。”对面的人沉吟了一下，好像还带点不高兴的样子：“你还真的打电话过来了。我还没和我妈说呢！”他的傲慢激怒了她，她啪地挂断了电话，决定从此不再和这个人有任何瓜葛。

她开始像没怀孕一样生活，吃饭睡觉，开学后回到学校。自尊心让她忘记那个男人，那个夜晚，还有肚子里不断成长的孩子。她对自己硬起心肠，也绝对不要别人施舍半点同情。

3

痛苦可以隐藏，但是肚子一天天地涨大起来。秋天到了，同学们都注意到她腰肢渐圆，她谎称自己贪吃变肥了，还“残忍”地在腹部裹满绷带。冬天，她永远套着巨大的羽绒服，在人前从不脱下来，好在武汉并没有暖气，不像北方城市，进了屋必须要脱下外套。

她不是没有想过去打胎，但是当她鼓起勇气走到一家从报纸上看来的私人诊所，她被那个肮脏的门帘吓住了，走进去看了看，手术室里装着医疗器械的盘子里，落着一只死苍蝇，她马上就掉头离开了。恐惧感让她决定留下这个孩子。

回到学校，她刻意地放出话去，说她得了很严重的慢性肠胃病，必须经常躺在床上静养。

为了掩人耳目，她再也不去公共澡堂洗澡了，谎称自己能到亲戚家去洗澡，实际上她总是自己提回来几桶热水，在没人的时候悄悄在宿舍洗澡。她自己坐公交车跑去检查身体，医生猜到她是未婚生子，非常凶狠地恐吓她说，她的孩子可能不健康。

有时候，她在学校里碰见那个他，他表情讪讪的，一副欲言又止的样子，她总是冷漠地别过头去。如此三番几次下来，他也有了气，对她再也没有半点不安，很快就趾高气扬地带着另外一个女生在学校里走来走去。

有一天，她独自坐在操场的椅子上看书。突然，高亢的女声传过来，她抬起头，看到了他和他的新欢，新欢是一个练过美声唱法的姑娘，她大约是在故意向她挑衅，眼睛望着她，大声地唱一些她听不懂的咏叹调。她起身离去。

有时候，老师上课点她回答问题，她正说着说着，突然一阵吐意从腹部蜿蜒而来，只好面部痉挛地对老师说，我出去一下，我吃坏肚子了。

总之那一年，她真的过得很惨。一个原本有着大好前途的清高少女，突然变得让所有人都觉得不可理喻，沉默而怪异。而寒假很快就到来了。

她不能再继续隐瞒下去了。回到家中，她把羽绒服掀开给母亲看。"你怎么这么傻？"母亲大哭了一场。父母把她带到了外公外婆的家，一个很僻静的县城，在那儿托付熟人，为她接生。

孩子生出来之前，他们已经协商好，要把孩子送给人家。他们知道，一定会有一些失去生育能力的人守在医院外面，等着接收这种可能要被父母遗弃的孩子。

在生产的过程中，她咬着牙一声不吭地忍痛。孩子生出来之后，哭得很响亮，是个男孩。她看了一眼，就哭了。孩子长得像她，不高兴的时候，就皱起眉头，像在忍受极大的悲哀，这一点也很像她。

她大哭大闹，决不肯答应把孩子送走。母亲打了她一巴掌，"你还有脸跟我谈条件？这都什么时候了？"她苦苦哀求，母亲终于也心软了。她看得出来，她爸爸已经沉默了很多天，他一定在忍受极大的痛苦，但她没办法，只好狠下心来忽略父亲的心情。

他们把孩子带回了自己的家，对别人说，这是有人把孩子放在他们老家的屋门前，还燃放了一挂鞭炮，他们只好把孩子带了回来。

她几乎没有坐月子的时间，就不得不回到了学校。还好奶水并不充分，没有给她带来更多的苦恼。她感觉最幸福的是，她终于可以无所顾忌地到学校的公共澡堂去洗澡了。

4

毕业之后，像大部分同学一样，她找了一个事业单位，稳定无忧地生活着。她也常常带着自己的孩子出来玩，一直对外声称这是她弟弟。其实也不是没有人疑心过，有人曾经当面问她："这孩子不是你妈捡来的吗？怎么和你们家的人长得这么像？"

孩子越长越大，基因的记忆功能显露得越发明显，后来干脆有人怀疑，这是他父母想要男孩想得发了疯，不顾高龄偷偷生下来的。那帮人也真是可笑，她妈妈从来都没有出现过怀孕的形象，但是人为了支持自己的假设，宁愿想象莫须有的证据。所以，他们也根本不去辩驳，这种事情是越抹越黑。

她有时候也几乎忘记了，这个孩子是自己生下来的。她毕竟还年轻，经常和小姐妹们一起在外面疯玩。同事给她介绍了一个男朋友，是一个门当户对的结婚对象。对方的父母一看到她就喜欢上了她，她伶俐乖巧，热心地帮忙干家务，嘴巴又甜。

那个男生，是她周围的小姐妹们十分眼热的对象，因为无论从长相还是前途上来说，他都堪称完美。她很珍惜这个男人，觉得他能够给他们一家带来衣食无忧的生活。很快，他们就决定结婚。她母亲尤其高兴，四处发送请帖。

但是，有一天，对方的家长面色铁青地来到他们家，说这婚还是别结了！说是有人跑去告诉他们：这个所谓捡来的弟弟，其实是她的亲生儿子。他们觉得自己受到了欺骗和侮辱。

很快，这个事情就在当地传得沸沸扬扬，雁姐悲愤交加，跑去找那个男生要跟他谈谈，对方竟然托称忙，死活不肯出来见她。她也心死了，没想到感情这么经不起考验。

说实话，因为这个事情，她心里也很瞧不起这个男人，无论两个人是否要走到结婚那一步，至少在遇到困难的时候，两个人面对面地谈一下总归不是什么大不了的事情。这样一个男人，真是不嫁也罢。

她不能明白，为什么现在的男人都这么没有担当，心胸都如此狭窄？母亲在家又伤心地哭了，絮絮叨叨地骂她太傻了，害了自己一辈子，以后还怎么在这个地方生活？

一气之下，雁姐辞去工作，来到了北京。

5

北漂的生活，比想象的还要艰苦。为了省钱，她住到了地下室。地下室还是三四个女孩住在一间屋子里，其他房间里住有男生，走廊尽头是男女厕所。与她同住的其中一个女孩，年纪才十七八岁，常常不回来住，说是要去哥哥家住。

后来才知道，他所谓的哥哥，其实是她的男朋友，一个有妇之夫，可怜她小小年纪，已经打过几次胎了。在这个世界上，有那么多不幸的女人，不知道如何保护自己。雁姐看不下去，她找到那个男人，为女孩争取到了几千块钱——这笔钱至少可以让她在短时间内租一个稍微好一些的房子，滋补一下流产后的身体。

这件“见义勇为”的事情之后，雁姐也想通了，她决定找到孩子的父亲，要回她应该有的东西。她四处找同学打听，终于要到了那个男人的电话。电话对面的声音，依旧是充满警惕。好在，他还记得她，他很惊讶她会打电话过来。

“我们当年有个孩子。”她对他说。对面的人陷入了沉默，很久才说：“你在哪？你知道你在说什么吗？”显然并不能相信她的话。她已经成熟了好几岁，知道“自尊心”有时候并不需要摆到那么高的位置上。她对他说：“我说的是真的。我们见一面吧。”她把家里的地址给了他。

他来了，还带着他的母亲，一个长相十分严厉的中年妇女。她带着孩子去跟他碰面，那个男人抱着孩子哭了，因为这孩子长得跟他太像了。她对他说：“我们去医院吧，去做亲子鉴定。如果孩子是你的，你就得付赡养费。”那个男人，以及他的母亲都很坚决地说：“不用去了。这个孩子是我们的，不用怀疑。”

除了孩子实在长得跟那个男人太像之外，还有一个原因是，他已经结婚了，妻子无法生育，全家正在懊恼，香火不能延续。没想到，他竟然还有个儿子，而且已经五六岁了。

那个男人对她说："我还是不能和你结婚。但是，我想把孩子带走。"那个男人的母亲说，我们给你10万块钱，就当是赔偿。雁姐的妈妈坚决不同意，毕竟这孩子是她一把屎一把尿带大的，已经有了感情，怎么可能说给别人就给别人呢。

最后，两家人协商的结果是，孩子还是由雁姐的母亲抚养，孩子每年放暑假的时候，送到男人家里去住两个月。男人每个月付给雁姐她母亲1000块钱。

男人离开的时候，雁姐去车站送了他，虽然离开学校并没有多少年，他已经变得十分平庸了，原先清秀的五官被脸上的横肉挤得变了形，更难看的是，还长出了一个啤酒肚，而自己竟然是为这样一个男人过了那么痛苦的几年。

这个男人问她："为什么你当初不告诉我？""因为你接电话的态度傲慢。"雁姐笑着对他说。他们商量好了，送小铁蛋去上海玩的时候，只说是去一个远方叔叔家过暑假，不告诉他真相。

6

孩子的父亲，还算有良心，帮助雁姐在北京找了一份工作，在一个公司里当文员。而且在他的嘱托之下，公司的老板也对雁姐很照顾。雁姐从此便在北京立了足。

雁姐最早是在簋街租了平房居住，价格非常便宜。与她合租过的人，几乎都是未婚小女孩。她们偶尔会拉着雁姐讲她们爱情的烦恼，在暧昧中进退。雁姐会觉得：这世界上再没有比爱情更无聊的东西了——尤其是青春期的爱情，荷尔蒙大爆发，彻底暴露双方的小算计和斤斤计较的面目，把人性中最丑恶的一面都勾引出来了。

雁姐一心一意地追求事业。这些年，她还做了很多工作，但后来都主要是在做公关工作，说白了，就是掌握一批媒体的资源，一批明星经纪人的资源，一批广告公司的资源，一批企业的资源，她四处勾搭，把他们串联在一起，她从中获得一些经济收入。

她认识的人越来越多，其中也不乏追求者。雁姐风风火火地在北京活了这么些年，渐渐地有些感到疲累了。虽然，她并不是一个爱情至上主义者，但是，一个安稳的家，一个随时可以依靠的肩膀，她还是很希望拥有的。

她遇到了陈松，陈松是一家 IT 公司的老板，很有一些背景，长得也挺不错的。有人说陈松长得像马景涛，当然没有他那么疯狂，没有他那么爱咆哮——风在吼，马在啸，景涛在咆哮！景涛在咆哮！

陈松能够把自己住的房间收拾得非常有品位——当然，他有一个每天都来帮他打扫的阿姨，使得他的家永葆整洁。但是，一个家的品位还是要依靠主人的修养。

陈松的家里有褐色的地板，阳光透过落地玻璃窗照进来，铺在地上，屋内家具基本上都是原木的色彩，低调但不冷硬。墙上挂的画也都是古代的作品，不知道是不是原作，但至少也是限量版的复制品。

雁姐说，考查一个人是否追求生活质量，应该去看看他 / 她的马桶以及他 / 她使用的卫生纸。有的人穿得特别光鲜，房子也装修得金碧辉煌，马桶却不那么干净，用的也是特别粗糙的卫生纸。卫生纸这种东西，是最贴近生理需要，但又最不可能拿来炫耀的一种东西，只有真正讲究的人才会注重卫生纸的质量。

陈松特别文艺青年，爱听昆曲，没事的时候还去跟着一帮票友唱一段。陈松还特别爱做家务，动辄就下个厨房，做两道很漂亮的菜肴——菜好吃不好吃另说，但是一定要色彩搭配得特别漂亮。

有时候，雁姐觉得陈松未免也太细腻了，但是如果嫁给这样的一个男人，生活无忧且舒适，这一定是可以得到保证的。雁姐渐渐地便也投入了真心，认真地与陈松交往。

有一天，陈松突然问雁姐："我老听到你给一个叫小铁蛋的人打电话，他是谁呀？"雁姐最担心的事情终于发生了，她还没有跟陈松说过自己有儿子这件事。她告诉了陈松自己的过往经历。

陈松听了之后，沉默了很久。好几天，雁姐都没有接到陈松的电话。雁姐心痛地想，可能男人都无法接受一个未婚生子的女人吧。

陈松却又约她见面了，憔悴了很多。他对她说：我接受你有一个儿子这个事实。但是，我希望他能够一直跟你的父母一起生活，或者去跟他的亲生父亲一起生活。

陈松的理由是，他的父母很保守，而他自己，也很想要一个自己的孩子。他不想要在他还没有充分享受二人世界的时候，家中就多了一个别的男人的孩子。他也不希望自己的孩子出生之后，莫名其妙地被安排一个大很多岁的哥哥。

雁姐听了他的这些话，有点儿怒从胆边生，为自己的"小铁蛋"委屈，他太不幸了，还没生出来，就被排斥，现在长到这么大了，还是四处被人排斥。但是，她也无从去指责陈松，她在“道德”上天然地占了劣势——虽然，她并不因此认为自己就是一个道德低下的人，她不期望别人都能以豁达的眼光去看待她，她也从来都不想摇尾乞怜。

雁姐明明白白地告诉陈松，她对孩子一直有愧疚的心理，随着年龄的增加，她的愧疚感也递增。她不愿意再生孩子，怕自己以后会把精力全部放在第二个孩子身上——如果她再生一个孩子，她肯定会亲自带孩子，无可避免地会投入更多的感情到第二个孩子身上，不知不觉中就会忽略“小铁蛋”。

其实，她一直在等，等自己在北京打拼得更成功一些，就把儿子接过来。她肯定不会像陈松想的那样，把儿子留在父母身边，那样对他的成长不利，再说，父母年纪也大了。

7

陈松毕竟还是一个理性的人，他劝她：“其实，我那样去安排，不全是为我自己考虑。你想想，孩子一直都不能和父母一起生活，他会觉得自己是多余的，很容易变成一个叛逆的人。最好的方式，其实是让他去和他的亲身父亲一起生活，毕竟他们没法再要孩子了……我和我的父母，都希望我能有自己的亲生儿子。铁蛋可以偶尔来和我们一起生活，我会对他很好的！”

雁姐想起父母在电话里跟她说的关于小铁蛋的反常行为，心里的焦虑逐步升级。虽然有万般不情愿，但是目前看来好像也并无其他更好的路可以走了。她再三权衡，决定借例行的、送小铁蛋去上海的时候，去看看他亲生父亲的家庭。

小铁蛋在路上显得很高兴，他说："我喜欢上海！有好多游戏厅可以玩！"雁姐心里一沉。她和上海那一家人一起吃了顿饭，她发现他们一家人对小铁蛋都是溺爱的态度，除了那个没有血缘关系的"后妈"态度有些不冷不热。

小铁蛋的亲生父亲说，孩子还小，让他玩个够吧！再说，他一年之内才两个月在上海。雁姐说："如果让他和你们一起长期生活呢？"他露出惊喜异常的表情，满口答应。"可是，你们能够不要这么溺爱他吗？他现在这样，怎么考大学？""他在上海跟我们一起住，怎么都好说！"

但是，雁姐还是放不下心，她暗自观察，发现那个"后妈"一直在房里焦灼地走来走去，拿放东西都弄出很大的声响。这让她不由自主地去比较，毫不吹牛地说，她比那个女人好看太多了！

可能，她担心我会借孩子越位吧。雁姐猛然意识到这一点。她故意放出话去，说自己马上就要在北京结婚了。她明显能感觉到那个女人听到这句话之后，脸上压抑不住的喜色。

没有想到，最后反对这项"交易"的是小铁蛋本人，当他听说自己要被永久地留在上海，他的脸一下子拉得老长，坚决说不！他要回老家。雁姐问他为什么，他也什么都不说。

她把他带到公园，"我是你妈妈，你有什么不能跟我说的？"雁姐第一次这样坦白无误地跟小铁蛋说出这个称呼。

以前，小铁蛋一直都叫她为姐姐，渐渐地他长大了，有一天跑回家问外婆："他们说姐姐是我的妈妈。"外婆怒道："胡说！"自那以后，小铁蛋和雁姐生疏了起来，再也不喊她为姐姐，但也从来不喊他为妈妈。雁姐猜到，他已经渐渐地知道真相了。

小铁蛋怪异而冷漠地看了她一眼，那眼神太陌生，让雁姐心里一惊：他真的是我的孩子吗？这么多年来，都是我的母亲帮我扛了所有的问题。这是真事吗？是发生在我身上的事情吗？

那一天，小铁蛋死活要求回老家，坚决不留在上海，谁也劝不住。最后，孩子的奶奶无奈地说："他还太小，不能接受事实，等他长大一点再说吧。"

雁姐疲惫但无功而返，陈松去接她，两人一路无话。改变别人是很难的事情，何况面对的是一个处于青春叛逆期的孩子。

雁姐现在还是单身一个人，就像开头描述的那样，她喜欢大河奔流的状态，她的生活就好像是蜡烛两头烧，但她一点也不会觉得辛苦，在她娇小的身躯里好像蕴含着巨大的能量。

她每天只睡四五个小时，手里握着两个电话，还不停地拿出笔记本记记画画，一切都尽在掌握之中的强势女人模样。

"我现在每天一睁眼，就对自己说，就算生活打败了我，发大财的信念也不能丢！我要发大财发大财！"她自己都被自己逗笑了，但是看得出来，她没有撒谎，也不是说笑话。毕竟，发大财，是她现在唯一能够想出来对抗困难的办法。

现在，飞非常肯定地认为：一个男人如果不能接受她的弱点，那也就不配拥有她美好的那一面。此理反之亦有效，如果你不能接受那个男人的缺点，你也不配拥有那个男人光鲜的一面。

专注于爱情是没有好下场的

1

“我真是太看不惯现在这些男生了！”飞一出现，就扁着嘴发表她的高见：“从日流、韩流开始，就到处都是娘娘腔的男生，他们对化妆品了解得比女生还清楚，他们还修眉毛呢！头发恨不得每一根都做一种造型！看到他们，我真是觉得不舒服！”

还有啊——宅男越来越多！他们偶尔上一趟街，就是去买各种各样的电玩游戏……辨认他们容易得很，腿本来就瘦得跟柴禾棒一样，他们不以为耻，反以为荣，故意穿特别显瘦的铅笔裤，头发一定是垂到眼睛上，不知道他们是怎么看路的，怎么走路没有跌倒？

你以为他们是 gay，他们还羞答答地跟你说他们是直男！这叫人情何以堪？更讨厌的是，他们还撒娇叫你帮他们介绍女朋友，你说他们天天在网上下载“生理教育片”，向日本老师学习“体育运动”，哪里还有时间去约会女生?

最受不了的是，他们玩网络游戏的时候，动不动就在里面结个婚，跟一个虚拟的ID老公老婆地叫来叫去，肉麻得鸡皮疙瘩掉一地，用强力吸尘器都吸不干净，也不跟对方见个面，他们根本就是没有谈情说爱的能力!

“你太尖刻了!”虽然我被飞的高谈阔论给吓到了，但是放眼望去，好像真的是，我们周围坐着好多看起来就显得纤细、被动的小男生呢。

大姐，你年纪也不小了！你又不会跟这些小男生谈恋爱，你干嘛这么讨厌他们呢?

“我是替比我年轻的那些女孩生气，我们70年代的男生已经不阳刚了，但还看得出来是男的，后来这些男生，没法看!”

但是，说不定小女孩就是喜欢这些轻飘飘的男生类型呢？我随手一指，路上正走过一对小情侣，converse的球鞋，彩色的宽松帽衫，肥裤子，两个人都在听ipod，虽然黏在一起，但并不说话，冷漠地往前走。

“你不觉得他们也挺酷的吗？像咱爸妈那一代，男人女人说是一起走，其实两个人相隔10米远，多惨！或者像咱们这一代年轻的时候，女的非要留长发，动辄就很琼瑶地跳上男生的背，让他背着走，更傻!”

“可能吧!”飞冷笑一声。

好吧，不说年轻男孩子，你看现在这些中年男人怎么样？成熟稳重，符合你的要求吗?

“你难道不知道，中年男人是人性弱点集中大爆发的恐怖分子吗？他们什么都看过了，对谁都不稀罕。爱情，得了吧，小朋友的游戏。他们对未来也不抱啥希望了，发财了的觉得自己无所不能，没有他摆不平的事情，用钱不就解决了吗？没发财的，基本上这辈子也就无望了。你不知道人在绝望之中，什么都干得出来？”

你把他们也说得太没人性了。

“你去观察一下，中年男人追求女人，步骤分明得很咧，送花、接下班、请吃饭、摸小手、上床、上床几次、抛弃！看起来他们很有钱，出手阔绰，其实对比一下他的付出与回报率，他花的钱根本就是少得很。”

照你这么一说，中年男人就只会勾引年轻小美女，用她们的青春来填补自己青春不再的空虚？

“你是没有见过吧？我就认识一个台湾老板，五六十岁了，穿得跟年轻版任达华似的，T恤领子一定要竖起来，他的脸倒是没啥皱纹，估计没少打美容针，没少去做脸，但你去看看他的脖子，皮松肉垮，一看就是老年人的脖子。把我给恶心坏了！他随身带的那个助理，两个人假装是工作关系，一看就是他的小情人。你说那女孩看着也挺漂亮的，她怎么想的呀？”

好吧，人家你情我愿，你不要去管。

“我才懒得管他们呢。对了，还有一种中年男人，他们跟你见过没两次面，就特别不见外地告诉你，说他ED了，没有性欲了，对恋爱和性爱都没有什么兴趣了——难道这是一个值得夸耀的东西吗？这都什么世道啊？”

最后，飞进行了一个总结：以上所述的这些男人，虽然千差万别，但他们都有一个共同点，就是他们都特别爱钱，只有钱跟他们最亲！

2

有友来访。电话打来说："一个小时之后到！"一个小时？叫小时工已经来不及了！

飞迅速地跳下床，站在几乎容不下脚的屋子中央。飞的家里，双人床占据了房间的很大一部分空间，可是上面凌乱地扔着各种杂物，计有：书 10 本，衣服若干件，零食袋两个，皱巴巴的玩偶，还有一些匪夷所思的东西，呃……上周购物后拿到的赠品。床边堆着若干购物袋——里面还有没拿出来的衣服，真的，拿出来会吓一跳，为什么会买这样一件八辈子也不会穿一次的衣服？唯有商标上的打折标签会默默地告诉你答案。

在飞的房间里，充斥着她从学校毕业之后爆发的购物欲和节俭度日意识搏杀的结果，很多都是从网上买来的便宜货，往往见它太便宜而一次性买好几件，还有从商场的花车里抢来的衣服，呃，明明不合自己的型号。更有一段时间，飞目光炯炯地守着电脑，抢银行信用卡网站限量赠送的"积分换礼品"，或者是淘宝网上的"秒杀"，用极便宜的价格买来价廉却不见得物美的东西。那一瞬间的刷卡快感，以及占了便宜的沾沾自喜，真的超爽！只是，每每信用卡还款日期到来，飞都想：可以申请破产吗——如果破产了就可以不还信用卡的话。

前天，飞去银行取钱，她再三地把卡推进取款机查账，拿出包里的每一张卡去查，没错，总共只剩下700元！明天，要还给潇潇300元——前不久，她和一个比自己小好几岁的女朋友潇潇去逛商场打发时间，本来她是一心一意发誓说今年秋天一件衣服也不准买。她只是习惯性地去逛逛，干逛不买也能给她带来无穷的满足感啊。但是，那个塑料模特身上穿着的大外套，明明就是她梦中出现过的嘛，柔软熨帖，既温暖又洒脱，太像走在巴黎大街上的女人了！

飞故意不去看它。她绕着整个商场走了一整圈，竭力去忘掉那件她其实根本忘不掉的衣服，“它可以和我那件宽松的白衬衫搭配。嗯，我还缺一条束腰的皮带来配它。别想这些了。我到底应该搭配宽松的长裤还是笔直的铅笔裤呢？我去网上查查吧。”

可是，飞又鬼使神差地跑去跟柜台小姐说：“把它拿给我试一下吧！”柜台小姐从模特身上褪下它，“怎么，没有挂件吗？”柜台小姐帮她把衣服套进她的胳膊，“总共只有两件，前天已经卖出一件了！这件卖了，就没了！”什么？别骗我了，飞不动声色地想。外套和她想象的一样柔软舒适。“打折吗？”飞问柜台小姐。柜台小姐说：“你有我们品牌的贵宾卡吗？”“没有。”“那你要不再选一件，我们现在做活动，只要买够3000元就可以办一张卡了。”飞瞪着她：“不，我只要这一件。”其实她心里想的是：我所有的家当都在我的钱包里，大概，有1500元吧。

潇潇借给了飞300块，飞买到了这件让她彻底破产的衣服。下个星期，闺蜜之一结婚，要随份子钱500块，也就是说，她现在还缺100块的份子钱，要不缓缓再还潇潇钱？

飞面对这些揉成一团的杂物，有一点气愤：我的生活，整个地也是乱七八糟揉成一团。

朋友的电话响起来，说她快到了！飞沮丧地说："要不，今天咱们不见了吧？等我收拾好房间再让你来玩。"朋友失望但是体谅地说，好吧。"但是，我两天没出去玩啦，我心里觉得好失落！"朋友叹口气："你这个神经病，那你想好再给我打电话吧。"

这是飞对自己最不满意的一点，她总是希望自己能够把生活打理得更顺畅一些，说白了，就是在理财和整理家务方面，更加有能力一些。但是一个勤快的妈妈势必会养成一个懒孩子，飞的妈妈太能干了，飞在家的时候，基本一切都是妈妈为她打理，现在独立在外面生活，飞发现自己几乎得从头学习一遍，真的太困难了。基本上，脑袋里就是缺了那一根筋，那根筋真的得是从小培养呀！飞特别希望现在刚当母亲的女人能够认识到这一点。

不过呢，虽然没有多少钱，但是，飞还是很讨厌那些一心只想把别人的钱弄到自己的户头上存着的人，"在我需要钱的时候，总是会突然出现一些钱，让我度过难关，所以我总是告诉自己，不用着急不用着急！"

3

飞的厨房很少清洗，因为她和潇潇都极少做饭。她倒是经常逛超市，调味品和蔬菜肉食的区域，她几乎从不光顾。有一天，她又拿着她买惯了的"面包、火腿肠、熟食、瓜子和方便面"去结款台排队付钱，发现排在她前后的单身男女拿的都是这几样，民工模样的人拿的也是这些东西。而小 couple 们的推车里装得鼓鼓囊囊的，有红酒、各种蔬菜水果、大米，还有让人眼花缭乱的调味品，甚至还有一束含苞待放的花。羞愧油然而来，看了看排在自己前面的长队，她放下手中的东西在临近的台子上，匆匆从"无购物出口"离开了。

其实，她也不是没有做过饭，她曾经连续做过一个星期的饭呢，那个时候她还是一个人住，每次做饭都要心理斗争良久，几乎是含着悲壮的英雄主义情结去做一顿饭。

十几岁的时候，她读过一篇文章，讲的是一个 40 多岁的上班族女性的故事，别的都忘记了，她只记得一个情节，说那个女人傍晚回到家，煮了一锅面条，在黑暗中哧溜哧溜地把面吃下去，只听到她牙齿咀嚼食物和汤从口腔、喉管经过的声音。这太可怕了，她在看到那篇文章的时候，虽然只有十几岁，但还是被一种结实的恐怖感给攥住了，她突然觉得异常孤独，发誓自己绝对不要过这种生活，她一定要结婚生孩子，热热闹闹忙忙碌碌。

现在的生活是，每天下班，都是疲惫地踢着磨脚的高跟鞋回家——唉，一到夏天，势必都会把脚弄得伤痕累累，脚后跟的血泡长了一茬又一茬。夏天是销售创可贴的黄金时期吧，她就亲眼看到好几个女同事的包里除了随身携带化妆品、备用丝袜，还有创可贴。她常常懊恼自己个子不高，犹豫是不是该换个工作，office lady 真不是好当的，一辈子都要受高跟鞋的折磨。

每次趿着磨破了皮的脚走路，她都会自嘲地想起美人鱼，喝了巫婆的药之后，美人鱼在王子面前每走一步都像踩在刀尖上，钻心疼痛。但人家那是为了爱，自己呢？为了美吗？反正大家都穿高跟鞋就是了！据说美国有一个调查发现，“人的收入与他的身高成正比”，也不知道是不是真的？真让人生气，难道他们不知道中国有邓小平吗？中国的富豪也没有几个是高个子。高挑苗条的女同学或者女同事，显得鹤立鸡群罢了。老妈经常安慰她说：长那么高干嘛，像个门板！其实高个子女人为了让腿的曲线更漂亮也穿高跟鞋，而且她们好像比矮个子女人更难平衡身体。

那一次在她又好笑又好气地单脚蹦跳着往家走的时候，看到一个女人，让她倒抽一口凉气。那个女人的打扮几乎可以用惊悚来形容，衣服五花大绑地捆在身上，图案也恶丑不堪，但那个女人完全是一副自以为美貌不可方物的姿态。旁边紧随的一个男人，虽然长得也比较龌龊，但满脸关切，一副跃跃欲试地准备随时去搀扶那个女人的样子，也颇让人感动。凭什么？！她听到自己心里一声大喝。为什么连这样的女人都有人爱惜，我上辈子作了什么孽吗？

还有一次是在机场，她遇到两对与她等同一班飞机的夫妻。神奇的是，这两对夫妻中的妻子打扮得极其相似，而且是她在日常生活中最厌弃的那种中年女人：一身廉价的衣服，上红下黑的无聊搭配，皮肤枯黄，纹了眼线和眉毛，满脸的冷漠。她们的丈夫却都是体贴型，其中一个男人甚至凑到妻子脸边，要为她挤去一颗成熟了的痘痘。虽然她知道有一个成语叫“相濡以沫”可以解释这些现象，但她一点都不嫉妒，她纯粹是困惑，感到很难理解，如果自己是一个男人，连看都不愿意多看这两个女人一眼呢。她们能够得到丈夫也就罢了，怎么这些男人能够对她们这样地毫无要求？

《枕草子》的作者在一千年前已经表达了同样的困惑："男人这东西，想起来实在是世上少有的，有难以了解的心情的东西。弃舍了很是整齐的女人，却娶了丑女做妻子，这是不可了解的事情。在宫廷里出入的人，以及这样名家的子弟，本来可以在多数'漂亮的女人'中间选择所爱的人；就是身份高贵，看来自己所决难仰攀的人，只要以为是好的，也不妨拼出性命去恋慕的。不然是普通人家的闺女，便是还不曾见过世面的，只听说是很殊胜，也总想得了来'做自己的妻子'。但是偏有爱那样的，便是在女人眼里也是不好的人，这样的男子正不知是什么心情呢。

"容貌很整齐，性质也很柔顺的女人，字写得很好，歌也做得很有风趣的，寄信给他去，单只是回信回得很漂亮，可是并不理睬她，让她尽自悲泣着，舍弃了她却走向别的女人，这种男子实在是很奇怪的。虽然是别人的事情，可是女人也感到公愤，觉得这种举动很是遗憾。但在男子自己却毫不觉得有'责任'，没有对不起的心情的。"

不过，值得庆幸的是，飞看到那些软弱地服侍在旁边的男人们，没有一个是她想要的，所以她心里倒也是很快就平静下来。

4

飞因为工作的关系，常常被派遣到北京周边的小城市去出差，比如石家庄、秦皇岛、唐山之类。

当汽车在那些小城的街道上走的时候，她唯一能想到的词是“自暴自弃”。一个城市，一条街道，一个店面要自暴自弃到何种程度，才会这样任由污垢塞满角落，所有的东西看起来都是灰不溜秋的，连那些虚假繁荣的广告海报也像年老色衰的站街小姐。

这种地方让她觉得很不舒服。有时候，旅行的意义是，让你发现你有多渴望回到自己的家。每次出差来到这种城市，她都极其地想念北京，但这想念里又夹杂着几分汗颜和酸涩，北京越来越强大和漂亮了，周围的小城市不但没有跟着鸡犬升天，反而像被吸干了血水的老保姆，乳房干瘪下垂。

由这些城市，飞联想到很多女人，嫁给了有魅力的男人，但那些男人的魅力好像是通过吸取他人身上的养分而壮大一样，身边的女人一个个萎靡不振，他却越来越年轻英俊。根本症结恐怕都是因为这些女人太爱那个男人，怀着自我奉献的精神，结果很快就溃懈不成军，接着男人就会叫这些女人退伍，他继续招募新兵。

有人说了一句话，被飞引为座右铭：“我不能为你提供获取成功的公式，但我可以为你提供获得失败的公式，这就是：试图让所有的人满意。”

飞总结自己恋爱失败的教训，就是以前太想讨好对方了，连跟对方在一起聊天的时候，也想方设法地说俏皮话——这都是因为飞在年轻的时候，认识了一个30多岁的女人，那个女人以过来人的经验，对飞说：“男人只会记得那些让他们感到高兴的女人，你一定不能把你的不开心暴露给他们看见，以后他就算跟你分开了，想起来的时候也只能想起你带给他的快乐时光，他就会很惦记你呢！”

那个时候，飞还没有什么恋爱经验，把这句话引为宝典！但是，当她具备了无数战斗经验之后，她发现这种想法太功利也太悲惨了。

有一次，飞交往了一个男朋友，和别的男人很不一样。其他男人会被飞语不惊人誓不休的妙语给逗得哈哈大笑，但是这个男人很沉静地听她唧唧呱呱，然后瞪着她说：“飞，你讲的笑话一点也不好笑！”

飞很沮丧，但是马上反击：“那是你太没幽默感了！”那个男人说：“我觉得你太假了！太虚伪了！”飞气得个半死，想叫他马上滚蛋！但是那位男士反而笑了，说：“你不觉得你太有自我展示意识了吗？你特意把自己打造成谐星的模样，但那不是真正的你。连小丑都会背后有泪呢，你每时每刻都戴着面具生活，我觉得你太累了。”

飞被戳到痛处，跟他说：“道不同不相为谋！”就把他赶走了。但是她静下来想一想，背上起了一层冷汗，原来自己这么多年来装腔作势，其实别人都冷眼看着，只不过没有谁像这个人一样当场揭发她。

现在，飞非常肯定地认为：一个男人如果不能接受她的弱点，那也就不配拥有她美好的那一面。此理反之亦有效，如果你不能接受那个男人的缺点，你也不配拥有那个男人光鲜的一面。

5

其实，飞的独居生活，除了偶尔的自恋自惜，大部分的时候都还挺快乐的！

独居生活，最大的好处，当然就是自由。在好天气的时候，飞就会加入短期旅行团，到郊区去玩个一两天。有时候，她也会跟着那帮驴友去露营，基本上都很欢乐的，除了有的时候，隔壁的帐篷里，一夜都叫床不止，烦死人。

有一次，飞遇到一个男孩，飞问他工作几年了？男孩说："我工作的年头可长了！"飞笑了："到底是几年？"男孩很得意地露出老大哥的样子："五年了！"飞笑得不行。男孩很不服气，"那你呢？"飞说："虽然吧，我看起来是很年轻又美貌，但是，我已经工作了快10年了！"一路上，男孩就叫她为"年轻貌美"！

还有一次，飞在郊游的路上遇到几个中学生，听到一个小男孩冲着话筒喊："第一，我不是一个记吃不记打的人，发生了那样的事，我怎么还会搞你女朋友？第二，我不是一个忘恩负义的人，你给我帮了那么多忙，我怎么还会搞你女朋友？第三，自从我上初一QQ改版以来，我就没动过QQ空间，里面有什么内容，我也不知道是怎么回事，怎么能说明我搞了你女朋友？"诸如此类的这些搞笑事件，真是必须得走四方，才能得以见识呀！

即使是不出去旅行，飞在自己的小区里，也会碰到一些让人乐开怀的事情。每天晚上，飞都会戴着耳机到楼下跑步。有一次，她在楼下碰见一对老夫妻，一人打着一电筒，四处看，好像在找什么东西。飞很热心地停下来，问他们找什么。老夫妻说："你看见我们家狗了么？一只吉娃娃，还穿了一件粉红色的衣服。""啊，我没看见啊！"飞打心底同情她们。那个时候正是冬天，天气冷得要命。老夫妻很愁苦地说：“离咱们不远的一个地方，有一个狗贩子。”

飞建议他们：“你们这样找是不行的，你们得喊它的名字，喊大声一点！”老夫妻互相看了一眼，点点头，说飞说得对。说着，他们往前继续走，继续找去了。过了一会儿，飞听到黑暗中传来两个苍老的声音：“奥——巴——马，奥——巴——马，你在哪里呀？奥巴马……”

飞在家无聊上网的时候，找不到人聊天，她就会和msn上的小i机器人聊天，她发现小i机器人比人更好玩，因为它特别无厘头。比如说，你逗小i：

——猪头小i！

——你这个被诺亚方舟压过的河马，新火山喷发口，超大无耻传声扩音喇叭，爱斯基摩人的耻辱，和蟑螂共存活的超个体，生命力腐烂的半植物，会发出臭味的垃圾人，“唾弃”名词的源头！（小i骂人的本事，真是堪称一绝啊！）

如果你把同样的句子回骂过去，小i竟然会说：“不要以为只有你会骂人，嘴巴厉害不代表手腕厉害，一个人只会在网上骂人算什么英雄好汉？Loser一个！”天啊，这不是比任何鞭策都来得迅猛吗？

你生气了，叫小i为他的出言不逊磕头道歉，小i马上会乖乖地说：“师傅在上，请受徒儿一拜！”跟男友吵架，他都不会这么快地道歉呢，势必会别扭半天，或者根本等着你去道歉，或者过很久才会道个歉，道完歉马上就会说，其实你也有不对的地方不是吗？

你如果觉得还不过瘾，叫小i给你磕100个响头，小i会说：“p这位客官一定是先锋派诗人吧，不然，你输入的我怎么都看不懂呢？我们换个小i擅长的话题吧：你发工资了吗？”

飞常常在家里被小i逗得大笑，她说以后找到男朋友，一定要让他和小i多聊天，学习一下小i的无厘头精神，一定可以减少很多摩擦呢！

当然，飞不是一个整天对着机器的宅女，她有很丰富的社交活动。这是因为她有一帮关系很要好的女朋友，大部分都未婚。别人以为未婚女孩在一起只会谈论嫁不出去的痛苦，或者是谈男人，其实不是的，她们在一起谈得最多的还是吃喝玩乐，甚至连国家大事都谈。“活到这把年纪了，当然会知道，专注于爱情是没有好下场的！”飞说。

她们正在筹划去尼泊尔玩一趟，飞决定最近就开始存钱，以及学英语——和别人学英语的动机不一样，飞学英语纯粹就是为了能够在国外不迷路，并且顺利找到吃的东西，“想到可以大吃大喝，想到可以买各种各样漂亮的衣服，我真的心脏怦怦跳，有被爱情击中的感觉呢！”

单身生活最痛苦也最锻炼人的地方在于，你日常积累起来的不良情绪，有一天突然爆发出来，面对的却是徒然的四壁，没有触手可及的对手或者“垃圾桶”，于是很容易自恋自艾。

味道是个什么鬼东西？

1

手机短信响了。

嘉琴拿起来一看：你什么时候回北京？

嘉琴告诉我们，发短信的是她最近的一个相亲对象，与她是老乡。她不想见他了，这些天，她都骗他说她在外地出差。

嘉琴回复那一位："接近尾声了，周末应该就能回北京了。"

应该——这两个字很重要，可以给自己留下退路。想见他的话，那就说自己的确回来了，如果不想见，就说本来可以周末回来，谁知临时出了意外……一切都不是我能掌控的，假装出很无辜的样子。

他不是嘉琴的"菜"，问题出在哪里呢？嘉琴想了想："他太小气了！"

见过一次面之后，他邀请嘉琴到他家里去做客，

“我做饭给你吃！我做的饭，你肯定爱吃！”嘉琴想：我们是老乡，他大概说的是真的。

下班高峰时期，北京的交通就是一场灾难。她下班之后千辛万苦地赶到他的家，赫然看见桌上摆着一盘从超市里买来的酱鸭，以及一盘拍黄瓜，还有一碗只盖住了碗底的饭。嘉琴那天很饿，他连声说，我帮你添饭，嘉琴客气地说不用了。第二次他又要她去他家吃饭，他还是只准备了一盘炒素菜、一碟腐乳和一点点饭，嘉琴说，我来洗碗吧！她打开电饭锅，惊异地发现，他真的只烧了浅浅一层米饭，就是他盛出来的那些。

他热情地问嘉琴：“你看，我刚才做的那个炒青菜，不错吧？”他用西兰花和胡萝卜炒在一起，自诩为“色泽漂亮！健康美味！”而且，他还极善良地要把这道菜的做法教给嘉琴：“西兰花不经炒，最好先过一过热水，七成熟时盛起来。倒油，蒜爆香，把胡萝卜片丢进去炒一会，然后再倒入西兰花……”

嘉琴请我们在家吃饭，还真的就做了这一道素菜给我们吃，她还真的是很喜欢这道菜了，不过，除此之外，她铺张地准备了很多其他的菜食，包括零食、饮料等等。

“其实我知道，是我太挑剔了！”嘉琴已经习惯了别人这么说，干脆先自加罪名。那个人，也没有什么特别大的毛病——sigh，其实根本见了没两三面，对对方还几乎没有什么了解，哪有机会去发掘毛病与优点。

嘉琴说：“人与人在最初交往的阶段，大部分人都是带着面具的。

有的人，戴面具的时间太长，面具就长到肉里去了，可能连他自己都分不清哪个是真我，哪个是扮演的。但是，面具毕竟不是血肉铸成，走到最后还是会回到本来面目。但是，像我们这个年纪的人，懒得去等对方揭下面具，就已经不耐烦了。”

可是，这世界上哪有不需要付出努力的成功呢，包括被言情小说作家吹嘘得玄之又玄的爱情，其实也是需要经营的东西。

“所以，还是像原始动物一样，靠气味识别彼此。气味对了，无须多说话，就知道对方是自己的同类。气味不对，怎么沟通都不会有结果。”

气味，听起来实在是太难以捉摸了！你要是具体地列出“身高”、“收入”、“学历”这些可测可量的指标，那还好说。

有一个网络名人叫凤姐，在一般人看来，她的长相非常“突然”，精神好像也略有“障碍”，但她都懂得明白无误地给出标准：“1 米 72 到 1 米 83 的名校硕士生，并且长得要阳光、帅气。”不管是不是商业炒作，看起来也的确是应者如云，尤其是咱们有这么一个“大学扩招”、“周杰伦也被称作是帅哥”的时代背景。

可是，嘉琴说的“气味”，天啦，那是个什么东西？！

2

嘉琴是那种从年轻到不年轻，都有一种“曾经美貌过”的气质的女人，她的五官格外精细，却因为一直生活在北方而有一种粗糙感，加上她爱披挂灰或黑色的松垮衣服在身上，本应像齐豫那样有一种波波风的感觉，但总是做不到像齐豫那么彻底，比如她绝不会像齐豫那样围着巨大的围巾，却穿一双人字拖……加上嘉琴的工作生活忙碌不堪，无以滋养齐豫那种飘飘欲仙的风骨，这是身为普通上班女性的悲哀。

很多年来，一直到今天，嘉琴总是在说："我要减肥！"在她心目中，或者说，在很多女孩心目中，"减肥"是通往美好生活的必经之道。即便是肥胖的女孩看起来也能获得爱获得幸福，那也太像一个小概率事件。有一句话，被嘉琴引为座右铭："天将降苗条身材于女人也，必先饿其体肤，饿其体肤，饿其体肤！"

电视上，常常会放那样的节目：主持人站在一块真人大小的纸模旁边，仿佛要极力忍住呕吐的样子，邀请大家参观纸模上的女人照片，所有人都嫌弃地呼号，说她真是丑到爆！肥得令人发指！太影响市容了！还说"她父母用那几分钟来散步该多好！"之类极尽恶毒的话。

贬损的话都说得差不多了，music！一个窈窕的女人，穿着刚刚盖住屁股的热裙，踩着动感的节拍走出来，男人都看得两眼发直，女主持人大声赞叹："好瘦哦！好可爱啊！"瘦美人立定之后，站在纸模旁边，主持人用看到 UFO 的惊骇语气，厉声询问："这真的是你以前的样子吗？"

瘦美人往事不堪回首月明中地一笑，点头称是。在众人一番啧啧叹息之后，瘦美人痛说革命家史，讲自己以前胖的时候，如何被同龄人乃至于路人嘲笑咒骂，心仪的男生用多残忍的方式甩脱她……"但是现在，请注意了！"主持人示意她对着镜头，得意洋洋地展示细长的美腿和清晰的锁骨，向全世界宣告：那个因为她胖而抛弃她的男人有多暴殄天物有眼无珠罪该万死！

看到了吧，唯有瘦才是正道！不知道有多少胖 mm 看过这个节目之后，发誓要减肥了去报仇雪恨。

实际上，嘉琴当然是体型正常的女人——只不过，我们不得不诚实面对的是，30 岁以后的女人，新陈代谢变慢了，腰腹之间出现的赘肉不再那么容易消除。女人所特有的曲线美，实际上更多指的是腰际的线条，这对 30 岁以上的女人来说，的确是需要天赐的好运，或者坚持不懈的有效锻炼。

但是，嘉琴沉浸在她拥有美好腰线的回忆里，无法面对自己一坐下来就变成大土豆的现实。不过，令人开心的是，这不算女人独享的困境，男人婚后也很容易变成大西瓜。这大概是上帝最丑恶可又最公平的安排。

有一天，下班之后，嘉琴发现天在下雨，不好打车。她等了很久，看到一辆空出租车嗖地从她眼前飘过去，正在懊恼。看到出租车又在前面停了下来，几个人围着车交涉，然后又失望地起身离开。她赶紧冲过去，司机说："我只打算往东走，不去西边了！"她高兴地说："我就是要去东边啊。"

车走了没多久，司机突然幽幽地说："我要去洗个头发！"把她吓了一跳，为什么？"我以前的女朋友突然从美国回来了，说要见我！"

她扭头打量他：一个头发稀疏的中年男人，臃肿，脸部肌肉松弛，五官毫无特色，白衬衫外面套了件松垮垮的蓝色夹克，看起来就像……

也的确是一个出租车司机，“哈哈，见前女友！这事可了不得，你怎么不好好打扮打扮呢？”司机恨恨地哼了一声：“洗个头就算咯，我干嘛要打扮？”

但是他又自言自语起来：“她回来干嘛？回来干嘛？我都结婚了……我孩子已经四岁整了……她问我，你干嘛这么早结婚？我都40岁了！我怎么可能还不结婚……我们谈恋爱谈了五年，有一天她突然说她爸妈要去美国工作，要把她带过去，一走就是10年，没有打过一个电话……”

“没有打一个电话？你真惨！那你肯定郁闷坏了！”嘉琴对他很同情。

“嘿，我也就是烦了几天。我知道我跟她肯定就没戏了，那就算了呗……”司机又恢复了一幅很臭屁的样子。

“那你干嘛不和她一起去美国啊？追随爱情而去！”嘉琴问他。他说：“我跟她去美国干嘛啊，我又不会说英语，我就是在北京过穷日子我也不去美国，我现在一个月挣四五千，老婆在家带孩子，我在外面挣钱，我们生活挺平静，感情挺好的！我现在过得挺好的！”沉默了一会儿，他又开始嘀咕：“你说她回来干嘛……她说她要回北京开公司，我说你开呗，反正跟我没关系……嘿，她在哪儿弄到的我电话的呀？肯定是我妈告诉她的，我骂我妈说，你干嘛告诉她？我妈说是她求她告诉她……”

这么聊了一会儿之后，司机同志终于真情暴露：“我是到了三十五六岁才结婚，我妈劝我说你还等她干嘛啊，你都这么大年纪了……呃，我就是想，我都已经等了几年了，万一她第二天回来了呢……”

突然，手机电话响起来了，司机到处摸电话，找到的时候电话已经断掉了，他翻开手机看短信，边看边说：“我老婆让我八点回家，她约我七点……我没有告诉我老婆这个事情，那就编个谎呗……”说着他又愤愤不平起来：“你说她回来干嘛？打扰我平静的生活，我都结婚了我……”

“人家说不定不是特意为了你回来，就跟你见个面而已。你担心什么呀？你要是心里不惦记，就不会有什么问题。”她受不了他的意淫，毫不留情地指出来。

沉默了一会，司机又突然呛声：“我重了 70 斤！我以前 130 斤，现在 200 斤！”这句话一出，嘉琴差点笑昏过去。

看吧！连男人也会在意自己的体重！而且，这个故事也告诉了嘉琴，过去就是过去，不可能变成现在，也不可能有未来。

3

“这么多年，我都一直没碰到让我动心的人。的确是我以往的经历，给我留下了阴影。”嘉琴说。

“我的生命里曾经经历过两个让我刻骨铭心的男人。”嘉琴说，一个是少年时期混过黑社会的男人，按照香港人的说法，就是“古惑仔”。他死命地追求嘉琴，他身上的匪气在他爱的女人面前，演变成了霸气、阳刚之气。他们两人分分合合纠缠了很多年。嘉琴经常做梦，梦见他被仇敌杀死，她哭着醒来，告诉自己，不能和这个男人结婚。

不过，可笑的是，古惑仔后来变成了一个成功的商人，和政府尤其是警察局的关系好得不得了，他经常请他们吃饭，送他们去国外旅游。这一点，虽然是嘉琴所不愿见的，但是这奠定了她对男人的品位喜好——世界上不乏聪明的男人，但是聪明而又能够对环境有所掌控，才能成就事业。

另外一个人，是嘉琴读大学时的班长。那是一个特殊的班级，班上同学的年龄差别比较大，嘉琴那时候才 19 岁，班长比嘉琴大 10 岁，已经有未婚妻在他的家乡等待他回去结婚。嘉琴是保守的道德主义者，她和他多说几句话，都会觉得对不住那个传说中的“未婚妻”，她将感情埋在心底两年。

毕业的时候，同学们在火车站互相告别，班长踏上火车，嘉琴一直盯着他，心中千言万语一句话也说不出来，只有一个念头在心里四处冲撞：“这大概是我最后一次见他吧！”不能不感慨一句，少女的心思湿漉漉的，把什么都看作是永恒或者永别，“大概是那个眼神透露出了一点什么吧！”

22 岁的时候，嘉琴结婚了，和一个内向的阴郁的居家型男人生活了两年，那个男人对于什么都没有兴趣，连赚钱也没有兴趣，他总说，赚那么多钱干什么呢？反正，他没有什么爱好是需要耗费金钱的，他除了喜欢喝点小酒，就是看看电视，或者去路边看老头下棋，他自己倒是过得心情愉快。

他不爱说话，嘉琴曾经以为他是沉默而神秘的人，后来发现，他不说话，是因为他没有什么可说的，他的头脑里空空如也，没有一丝一毫多余的念头或者情感。

可是，嘉琴自己那时候正像一个向日葵一样，毫无理由地想往上冲，她积极地追求自己的事业，任何挫折都不怕。每当她兴致勃勃地回家跟丈夫讲自己一天的见闻，他都似听非听，眼睛不离开电视。有一天，嘉琴在外面受了很大的气，回家跟他诉苦。他看似在认真听，嘉琴却突然发现他的嘴角露出一丝不易察觉的笑容——原来，他偷偷地在瞥电视上的娱乐节目。

离婚之后没多久，大学时期的那个班长到她所在的城市出差，约她出来见面。下雨天，美好的氛围，两人互相表白了，原来都是在心底埋了一份一直没有说出口的感情。后来，她去了深圳，班长又到深圳去出差，只有一天的时间，他对她说："我不能离婚，不能和你在一起……"那个时候，他的事业正处于上升期。嘉琴一直都是一个善解人意或者说宁愿委屈自己的姑娘，她对他说："我并没有想过要你离婚，我永远都支持你……"又重现了火车送别的情景，他们的手隔着火车的窗户紧紧地拉在一起，一直到火车开得越来越快，不能牵着手为止。

像电影一样的桥段，可是，经历过的人，就会有不一样的体验。

嘉琴爱过的男人，是那种在哪儿都有领袖气质的类型，她也是深深着迷于这种"男性气质"。这么多年过去了，她从来就没有责怪过那个"班长"，虽然在外人看来，那真是一个自私的男人，名利永远放在爱情的前面。可是，如果面对一个永远爱情至上的男人，在女人看来又会觉得他太娘娘腔，一点也不 man，女人的心理就是这样矛盾。

4

身高不是问题，年龄不是距离，谁都这么说。嘉琴去年还真的相信了这句话，她找了一个比自己小七八岁的男生。

他们是在网上认识的，那个时候嘉琴还在外地，来北京之前，她想，要不上网认识一些北京人吧，这样来了之后好有个照应，如此之一来，就认识了旭。旭要去了她的照片，说自己喜欢她这种模样的女生，他也发回来他自己的照片，相貌端正，不像那种轻浮的小孩子。

嘉琴来到北京不久，他就约她出去见面。两人在路边聊天，旭突然说："别人看到我们，会不会觉得我们是一对儿呀？"嘉琴干脆地说："不会！"为什么呀？"你一看就是比我小！""大姐，这都什么年代了，你还有这封建残余思想？"

天有点黑了，旭问："我可以跟你回家吗？"嘉琴觉得这孩子真是太放肆了。不过，她竟然也并不觉得他猥琐，可能还是因为把他当小孩的缘故吧。如此三番四次地交往下来，嘉琴发现，北京孩子这样贫，并不代表他们不认真，他是真的动了真情要与嘉琴交往。

嘉琴经过生活的洗礼，也被洗去很多禁忌。感情有很多种，与年轻男孩子交往，反正就是图一个快乐吧。总之，不能让自己老这么空窗着。冥冥之中有一种力量，房间总是没人住会坏掉，机器老不使用也会锈掉。人为的耗损，反而可能是杀伤力最小的。

旭和其他年轻男孩不同，他喜欢待在家里，读很多很多的书，要么就是像植物一样待在电脑前，也不知道他在干嘛。这一点让嘉琴很喜欢。但是，读而不作，其实也很容易让人陷入空虚与困惑。旭有一个与自己的资质不匹配的梦想，他想做一个伟大的人，想写出一本震惊全球的书。

可笑的是，他迟迟不动笔，嘉琴若问起来，他就说："我还在准备资料！"嘉琴忍不住嘲笑他："你会永远都在准备资料，直到你死的那一天。"不过，嘉琴对于这个比自己小太多岁的男孩，没有抱什么期待，这种关系状态也让她松弛而愉快。

唯一让嘉琴不痛快的是，这个男孩的妈妈是一个极品，她对嘉琴说："人和人的关系，就是花和土的关系，我和他爸爸之间，我是花，他爸爸是土。你们俩之间，你是土，我儿子是花。"春节期间，男孩的妈妈居然送来礼物，打开包装盒一看，嘿！一个标签器！她让嘉琴给家中各个储物盒打上标签。

尽管如此，嘉琴决定还是忍了，婆婆和媳妇是永恒的天敌，自古不变。再说，这个婆婆好几个月才会见一次。旭是个可爱的男孩，这就够了！

只不过，好奇心害死的不仅是猫，还有女人。有一天，旭出门去和他的朋友玩，但是他的电脑开着没有关，包括他的QQ，因为一直都在发出嘀嘀嘀的声音，吵得嘉琴烦得不得了。

她打开他的电脑，发现是一个十分美艳的QQ头像在跳动，点开来一看，它正在说："老公，你理我呀，你理我呀？"

嘉琴的血直往头上涌，几乎被一种疯狂的念头给攫住了，她点开了旭联系表上所有人的聊天记录，旭和好几个女孩都暧昧不清，说些在嘉琴看来十分色情的话。嘉琴对自己说："冷静，冷静，你和他也是出于好玩而已，你不一定会和他结婚，何必在意呢？"

她以为自己已经调整好了情绪，可是在旭进门的那一刻，她还是爆发了！痛斥他的不忠。旭竟然比她更愤怒，责骂她侵犯了自己的隐私，而且一再地宣称一个观点，我们的爱情，是我们之间的事情，与其他人无关。你只需要在乎咱们两人在一起是否快乐就行。

他竟然还说："你们 70 年代出生的人，太落后了，只有你们才会把虚拟世界和现实世界混为一谈，我们 85 后，有很多小宇宙，而且是互不干扰！"

嘉琴被他逗乐了，加上她也是一个不善争论的人，她说："好吧，你去你的小宇宙，我回我的大地球！"

在我见到嘉琴那一天，她苦不堪言地把拳头翻到后背上，说自己肩周炎又犯了。她用力发狠地捶打，说："打出痛感来，好像也是对那种酸痛感的一种释放。"直到打得后脖赤红，她才停住了对自己的"虐待"——嘉琴说，很多人在对待爱情的态度，也是这样的，一定要把自己和对方都推到绝境，用爱把对方笼罩得几乎不能喘息，自己也身心俱疲，像跳过一次悬崖一样，以为那才是爱情。但是，嘉琴永远都无法做到这一点，她很羡慕那些肆意地释放自己的人。

离开小男孩之后不久，上天派给了她一个比她大十几岁的男人，男人曾经离过婚，带着一个四岁的孩子。有一天，他俩出去吃饭，男人接到一个电话，说了没几句，把电话递给嘉琴，说："我孩子要跟你说话。"嘉琴接过电话，听筒那一边传来小孩子的声音："妈妈！"嘉琴吓得一哆嗦，电话掉在了地上。

嘉琴几乎从来不要求这个男人为自己做什么。男人却一再地询问嘉琴，她选择男人，到底是希望男人有钱还是有权？嘉琴说，什么都不要，只要两个人在一起觉得舒服就行。可是，那个男人并不真心相信，还是一再追问，嘉琴不明白为什么。后来女朋友跟她说："男人听你说你什么也不要，一定认为你什么都想要，认为你虚伪！"原来如此！

5

时尚杂志最爱颂扬的女人，就是那种身居高位，外表光鲜，结婚良久的女人，最好还有两三个孩子。而且据说，现在带着一个漂亮孩子的男人或者女人是城市中最受欢迎的族群。就是说，30岁单身女人的天敌，除了年轻mm，有钱的富婆之外，还有单身母亲！

嘉琴的确亲眼所见，她有一个女朋友宁，宁离异而且还带着一个八岁的女儿，但竟然比她受欢迎得多。

有一次，嘉琴和宁一起去度假，当然还带着宁的女儿。宁最让嘉琴佩服的是，她丝毫没有因为独身照顾女儿而显得手忙脚乱，她和女儿穿着漂亮的母子装，走在路上煞是惹眼。

在旅途中，她们结识了几个中年单身男性，他们是一起出来度假的朋友，不乏带着寻找艳遇的心理。他们一起聊天，商量去哪儿玩。嘉琴能够感觉到，在某种程度上，其中最有男子气概的那一位对自己更有兴趣。

但是，他们都是看起来已经无毒能侵的金刚中年男人，不会像年轻小伙子那样猴急猴急地暴露自己的色心，他们见多识广，面对风韵犹存的少妇可以巍然不动，等着看谁终于沉不住气。

但是，宁的女儿出现了，那是一个苹果一样娇嫩、天使一样纯真的小女孩儿，中年男人们立刻溃不成军，被甜甜地叫了几声叔叔之后，都急着想讨好她。像他们那么大的年纪的人，虽不至于像女人那样看到小孩子或者小猫小狗就走不动路，但是一个这么漂亮的小姑娘在她妈妈的指示之下，柔声柔气地为你端水杯，喂水果，连张飞都会被打动呢！

尤其是气概男，带着一脸谄媚的微笑，给小女孩买各种好吃好玩的东西，带着她到处去玩——当然，女儿的母亲都拨冗出席。

小女孩总能说出各种让老男人们惊为天人的话，譬如，他们一起租了车出去游玩，途中遇到便利商店，大家都下车去买食物，留下那个开车的人在车上照看行李，小女孩走到一半，突然发愁地停下来："那个叔叔会不会伤心呀？"

"为什么？"

"他一个人坐在车里好可怜。他会不会觉得他的朋友都不喜欢他，不愿意和他待在一起？"哎哟，大家所有人的心都软了，尤其是坐在车里的那位，听大家跟他转述了以后，当下就要求收她为干女儿，还买了一个巨贵的礼物给她。

气概男给小女孩讲人类的起源，说人是从猴子变来的，说人和动物最大的区别是人会使用工具……小女孩睁大美丽的眼睛：“叔叔，我们变成人多久了？”

“大家都说，我们中国有五千年的历史，这个说法其实是不准确的！”气概男不知道如何才能给小女孩解释这个太复杂的问题。

小女孩打断他的话：“叔叔，我们是第几代人？”

气概男：“呃，这从什么时候开始算才好呢，假如按照平均一个人有 40 年的寿命的话……”他欲图做一个数学考量。

“叔叔，从我们还是猿猴的时候开始算吧！”

……

诸如此类的一些童语，是再幽默的成年人也无法想象出来的。一路上，小女孩都把中年男人们逗得哈哈大笑。嘉琴对宁说：“我看啊，他们都恨不得等你女儿长大了娶她呢！”宁也哈哈大笑：“那我就是他们的丈母娘了！”

旅途结束的时候，宁的女儿已经差不多快变成气概男的女儿了，宁和气概男也默契得跟老夫老妻似的，难道这就是传说中的移情作用，看来，宁的“丈母娘梦”不太可能实现了，反倒是，她自己的第二春很有可能绽放了。

虽然心有所不甘，但是嘉琴心中的一个结也因宁而解，她原本害怕自己的离婚身份会给自己的婚恋带来障碍，她非常庆幸自己没有在婚姻期间生孩子。但是宁的豁达，以及宁的成功，给嘉琴带来了不少希望。

6

嘉琴告诉我一个她在网上看到的说法——25至27岁，是“初级剩客”，这些人还有勇气为寻找伴侣而继续奋斗，故称“剩斗士”；28至31岁为“中级剩客”，此时属于他们的机会已经不多，又因为事业而无暇寻觅，别号“必剩客”；32至36岁为“高级剩客”，在残酷的职场斗争中存活下来，依然单身，被尊称为“斗战剩佛”；36岁往上，那就是“特级剩客”，当被众人尊为“齐天大剩”。40岁以上，则就是“剩诞老人”了。

哈哈，我即将步入“斗战剩佛”的行列呢——嘉琴哈哈大笑着这样说自己，有的人对“剩女”这个词很介意，难道没有规律的性生活，就得和剩菜剩饭并列于世吗？嘉琴说，当她最开始被贴上剩女的标签的时候，她也很愤怒，但是，冷静下来之后，仔细观察了一下周围的单身女人，发现她们的生活品质一点都不比已婚妇女差。

当有孩子的女朋友风尘仆仆地回家带孩子的时候，单身女青年优哉游哉地在外面看展览看电影会朋友。嘉琴说她每一段时间都会刻意要求自己去开掘一个新的兴趣爱好，比如，前不久她发现了一个名叫Dan Winters的摄影师的作品，非常有意思，他拍的人物肖像都是“微表情”，有的照片会让观看的人脸部轻微抽搐；又譬如，她最近迷上了Tom Waits的音乐，那个声音嘶哑的老头儿，起先你会觉得他的声音像漏进北风的老木屋，但是听一听就迷上了那个味道。

最让已婚妇人们不可思议的是，嘉琴说自己老夫聊发少年狂地喜欢上了滑板……当她带着滑板羞答答地去公园试着滑的时候，本以为会遭到十几岁少年的侧目，谁知那些小男孩非常热心地过来教她。

31岁的她，阅历足以发现，生活中最大的乐趣，其实就是学习的乐趣，有时候简单到你无意中在书店买到一本有益的书，亦或在网上看到一篇有营养的短文。

与其他人生乐趣不同，学习是一件完全可以掌控在自己手中的事情，自己动手，丰衣足食。但是，不论是爱情还是友情或者亲情，都需要不失时机地去浇灌、看护、促进发展，软着陆……

所谓软着陆——如果有人做了让你不高兴的事情，你大多数情况下得控制自己的情绪，不能让自己心中那个大发雷霆的小人随意跑出来，你还得用委婉的方式让对方知道你对此不高兴。你如果想干脆与他/她绝交算了，又没有那么容易，滚滚红尘，说不定哪一天那个混蛋又滚到你眼前。

但是如果你面对的是一本糟糕的书，你可以啪地扔到地上，不去管它！或者撕碎它，跺上几脚，尽情抒发你人性中必然存在的暴力情绪。

嘉琴说，单身生活最痛苦也最锻炼人的地方在于，你日常积累起来的不良情绪，有一天突然爆发出来，面对的却是徒然的四壁，没有触手可及的对手或者"垃圾桶"，于是很容易自恋自艾。但是，如果能够修炼到独自处理自己的痛苦，再去与人相处，就会容易得多，这也是所谓成熟女人的优势吧——这世界上，没有白吃的苦，它们都是你成长的台阶。

只不过，经历这么多不着调的人与事，嘉琴还是执意于她的"气味论"，我们只能希望酱油早日碰上芥末，蘸出鲜美的寿司。

梦想、爱情和幸福感，是相关系数很高的东西，如果其中有一样不合自己的心意，那必然会影响到另外的心情。

人间没有一劳永逸的幸福

1

就好像一个民主国家里有自由派和保守派两种政治选择，这世界上有两种女人，一种是愿意牺牲较多的自由，换来更多的安全感，另外一种是愿意牺牲较少的自由，换来较少的安全感。

小婉属于后一种女生，她在北京郊区买了一套房子，养了一只苏格兰牧羊犬，没事儿就不进城，活得优哉游哉的。有人对她说：单身养狗的女性，最可疑了，好像在宣告说你们别碰我，我懒得理你们！小婉说：对啊，我就是懒得理他们——如果他们这样狭隘地想的话。

小婉是学法律出身，看什么都用理性的态度。她说："这个世界上没有低税收高福利的国家，那样的话，游戏会玩不下去的，国家会破产的。那么，这个世界上也就没有只收获不付出的爱，为了得到爱得到安全感，你必须不断地支付各种税——情感上的，精神上的，物质上的，行为上的……”

“非理性的感情，只存在于男女暧昧期。人都不是傻子。在爱情里，你付出全部，跟你付出一点点，对方是完全感觉到的。你以为自己最聪明，只付出一点点，就希望别人眼瞎地以为你付出了全部，这是不可能的。”

在小婉看来，所有不幸的感情关系，都是由欲望引起的——自私是人的本性，懦弱也是人的本性，等到他/她得到了自己想要的东西，他/她的欲望会继续膨胀，总之一句话：“既要马儿跑，又要马儿不吃草。”举例来说，如果你经常去健身房，你必然会遇到这样的胖子，他们走进来悠然地问：“请问，你们这里有没有一种大型器械，就是人躺进去，机器自己动起来，每天躺一躺，就减肥的那种机器？”

既然小婉这么理性，怎么就没有理性地给自己找一个男朋友乃至于丈夫呢？小婉说，你们知道吗？据统计，北京现在有超过50万的未婚女人，这样险恶的环境里，要找到一个金龟婿，是一件概率多小的事情。我还不如好好享受一下现在的生活，不生那些无聊的闲愁呢。

结婚的确是一件挺麻烦的事情，但是难道小婉你不向往桃花运吗？可在小婉看来，桃花运这种东西，都是你想要有才会有的，一个长得再好看的人，如果心里没有一丝一毫想与别人发生点关联的念头，也很少会有人去追求她。不信你们去看，那些最受人欢迎、最多人追求的女孩，不是长得最漂亮的，而是长得甜美的女孩子——花儿散发出香甜味，是为了让蜜蜂来采蜜，帮助花朵繁衍。女孩儿走甜美路线，也或多或少是有讨人喜欢的欲望。漂亮却不甜美的女孩，反而更加令人不安，很多男孩子都不敢去追求。

什么事情一经过小婉理性分析，就都会变得特别没劲，但是你又觉得她说得有道理，朋友被她讲得无言以对的时候，就拿她的感情问题开玩笑，叫她为“大兴的野百合”。

小婉这个郊区的房子已经被她用各种杂物塞得满满当当，都是她从全世界各地淘来的——当然，更大的一部分来自于宜家和淘宝。小婉说她现在其实有一点怀念她刚刚搬进那个新家的情景——

屋子里空空如也，除了一台还未开封的冰箱和一台新洗衣机，就只剩下一个大床垫了。那时候，小婉刚交了房子的首付手头非常紧张，但是每个周末，她都兜里揣着有限的一点点儿钱，到处去逛大家具城，根本不看价钱，反正便宜的和贵的全都买不起，还不如挑自己喜欢的家具看看，意淫意淫。

逛完了家具店，小婉就换好几趟公交车回那个遥远的家，兴致勃勃地趴床垫上画设计草图。那个时候，小婉怀疑自己快爱上这个空房子了，清净的小区、冷亮的地砖，打开窗户就闻到空气里飘来的牛屎猪尿味，这让她觉得北京更加遥远。

而且，一个空空荡荡的屋子，就好像一个年轻人未知的前途一样，多美妙啊。但是朋友们都特别反对，小婉你住得那么远，都没法交际，怎么交男朋友呀，怎么跟领导凑饭局作应酬呀？小婉完全听不进去，特有自己的主意。

现在，一语成谶，小婉果然就还没有嫁出去。

现在，成功地结婚生子了的朋友们都开始安慰她了，“人的际遇是不一定的，说不定会有很多人生拐点呢。”小婉笑一下：“会说出这种拐点论的人，都是对自己和对环境缺乏了解的人。”

2

有一天，小婉和好朋友聊天，聊起两人暗恋过的对象。小婉说：“我没有暗恋过别人，我都是明恋，只不过成功的几率一般而已。”好朋友说：“我每次暗恋，都成功地不让人知道。”小婉刻薄地一笑：“那祝贺你咯！”

小婉有时候，就是这样的，牙尖嘴利得让人讨厌，但是没人知道，她对自己其实严苛到更厉害的地步，她带着讥讽的微笑讲自己的故事，好像那是她敌人的经历一样。

初恋，在别人说起来，总是风轻云淡、清新小甜蜜的幼稚故事，但是小婉的初恋却一下子就道尽残酷。

那个时候，小婉还是一个高中女生，她迷上了她的历史老师，他瘦、高、脸特别小，留一撮小胡子，像林子祥，在一众肥头大耳、面目可憎的老师的衬托下，他显得格外迷人，很多女生为他着迷，在小本本上偷偷写他的名字。

小婉原本是一个很酷的女生。他给他们上课，把课本上的“绥靖政策”念成是“绥青政策”，小婉在台下哈哈大笑，历史老师怒了，点她起来，问她到底笑什么。小婉说：“你念了个错别字！绥靖读 jing，不是读 qing。”历史老师竟然脸刷地就红了：“哈哈，我是秀才念字念半边呢！”

小婉很惊奇，她从小就是一个尖刻的学生，因为爱在成年人面前卖弄知识或者小聪明，没少挨批评或者挨揍，所以她很讨厌成年人社会。但是没有想到，这位历史老师没有像其他老师那样，恼羞成怒地斥她坐下，反而勇于认错。

从此，小婉就对他留了心，越看越觉得他像林子祥——那个时候，林子祥还是大众偶像。而且，在一个中学校园里，留小胡子是一件不合常规的事情。她私下偷偷叫他“绥青”，对他暗含一份亲切。她发现绥青在学校里不是很受待见，教导主任尤其讨厌他，常常不顾情面地当着学生的面批评他。她心里就开始喜欢他起来。

不过，绥青并没有因此对小婉另眼相待，好像那件事没有发生过一样。小婉却找机会去接近他，就像她自己说的那样，她不喜欢搞暗恋，她喜欢明恋。她让所有人都知道她喜欢绥青，绥青则故意装作不知道。

有一天晚上，小婉在路上看到绥青回他的宿舍，她就偷偷在后面跟着。绥青进了屋，她也跟着进去，把绥青吓一跳。小婉理直气壮地说：“老师，我来找你问几个问题。”

反正那一晚，他们睡到了一起，当然是小婉过于主动的后果。事毕之后，绥青看着床单上的血，坐起来抽了根烟，竟然冷酷地对小婉说：“你快走吧！回去。”外面已经是半夜，小婉的宿舍已经关了门，但是他还是执意地冷酷到底，要求她离开。

小婉也不哭不闹，穿好衣服，走到外面，在操场上走了两圈，碰到一只流浪猫，才流下两行清泪。

第二天，小婉在路上走，他突然出现了，对她说，你跟我来一下。他带她走到僻静的地方，给她一个用纸包起来的东西："吃了它。"小婉打开纸包一看，是一颗毓婷。"24小时之内吃，都有效的。"他说。小婉说："好。"

她一直捏着那个纸包，24小时过去了，小婉没有吃它。回忆起那个事情，她恨他对自己那么冷酷，她故意不去吃药，是带着一股报复他的心理，她希望自己怀孕，让他惊慌失措，但是没有想到其实这么做，最大的受害者可能是自己。

幸运的是，虽然没有吃药，但小婉也没有因此怀孕，过了没几天，她的月经就如期而至。"这是老天对我的保护吧，我真是感激。"小婉现在这样想。

不知道是出于什么心理，小婉后来又去绥青的宿舍和他一起睡了几次，绥青当然每次都准备好了避孕套，他也不再像以前那样，马上就把她赶走，只是他在第二天，就会像什么事情也没发生过一样。但即便如此，在那个时候的小婉看来，已经是令她满意的爱情了。和别的姑娘不一样，她从来就不要求从爱情里得到回报，也不喜欢那种顺顺利利的感情，她希望自己的初恋尤其应该像一个传奇一样，彻底违反常理。

戏剧性的事情果然爆发了——学期结束的时候，突然学校里爆出一个大丑闻，所有人都在交头接耳、窃窃私语，带着幸灾乐祸的笑容。小婉想："我和他的事情终于暴露了！"她紧张地想到如果被勒令退学之后，该怎么办。

男主角，如小婉所料，是那位绥青先生，但女主角……不是小婉，是小婉她们班的政治老师的老婆，一个一笑就露出两个大酒窝，眼神总是微醺地看人的女人。他们被政治老师捉奸在床。

在那个民风还很保守的小县城，这不是一件小事。绥青被辞退了，去向不明。政治老师和老婆离婚了，并且也从学校辞职了。小婉就像一个侦探小说里被人忽略的线索，除非作者写下一本书，才有出头之日。

大概是上帝不甘心小婉这个线索就这么断掉，绥青在小婉大四的那年，突然又出现了。原来他从学校辞职之后，就去了深圳，真是树挪死人挪活，他在深圳的收入和地位都提高了，虽然还是在中学教课，但是常常有机会到全国各地乃至于国外去交流工作。

他到小婉所在的那所大学去参加一个会议。小婉在路上走的时候，突然看到一个比较眼熟的身影，不过她否定了自己："他哪有那么胖。"却竟然真的是绥青，他脸上的小胡子不见了，那种邪邪的笑容也不见了，脑袋膨胀了几倍，原先清秀的五官被横肉挤得变了形——他好像一个温州商人呀！

绥青对小婉说："小婉，你好像比以前丰满了一些。"小婉说："您胖得更不谦虚，更令人动容。"绥青说："那，你还爱我吗？"小婉心中为之惊叹，到底还是那个被自己爱过的变态男，他竟然还说得来这种话？竟然说得出口？

小婉告诉他，她在北京找了一个工作。他叹惋："怎么不去深圳找工作呢？"他告诉小婉，他结婚了又离了婚，现在一个人生活。说着这话的时候，他朝小婉眨巴了一下眼睛，天啦，他竟然还眨巴了一下眼睛，故作俏皮地。小婉不好意思哈哈大笑，笑在肚子里翻滚，肚子都快被笑炸破了。

3

小婉不爱帅哥，也不是说她特意回避那些长得好看的人——人们常常说，“上帝是公平的，长得漂亮的人，头脑一定不发达，或者脾气娇纵。”嘿，别自我安慰了，上帝常常是不公平的，有多少美貌与智慧并重的宠儿，就有多少丑陋与愚笨同行的悲剧——话说回来，小婉的风格是，无视皮囊。

小婉回顾了一下自己24岁之后恋过的男人，他们几乎具有同一特征，就是：经历丰富，却正处于人生的低谷期。经历丰富——满足了她的膜拜欲，处于人生的低谷期——相较于成功人士，她更爱那些与世界格格不入的“失败者”，她希望他们的关系永远不要与世界调和。

薛东是其中一个最有代表性的人物，薛东头发极长，耷拉在无光的三角眼上。小婉说：“我想起来，去年冬天我在路上走的时候，风特别大，我快被吹得昏过去……那个时候他给我打了个电话，他问我你在干嘛呢？我说我在外面走呢。他哈哈大笑说，这么大的风，你怎么还在外面走呢？我说是啊，我被风吹得皱巴巴地，正在冲锋陷阵地走呢。他一下子就笑了，笑得像个神经病一样。我那个时候正被风吹得简直要精神发狂，听到他那疯子一样的笑声，突然有一种找到同僚的感觉。我不知道他那个时候为什么会莫名其妙打一个电话给我，他也从来没有给我解释过。我后来有问过他，他说他想不起来这回事了。”

薛东是一个比较有名的斗士，常常为底层人民申冤呐喊——他去贫困的地方做调查，到有冤情的地方听那些可怜人的故事，然后把这些资料无偿地提供给他那些在媒体工作的朋友，并且联系为穷人打官司的律师。大家提到他这个人，总是怀有一丝敬意，也带着一些不理解的情绪，薛东开一个很小的酒吧，这是他谋生的手段，但是他基本都不去管理那个酒吧，他都快 40 岁了，但他好像丝毫都不肯过一点儿世俗人的生活，更为人诟病的是，他跟自己的父母关系非常冷漠。

很少有人知道，薛东其实是一个抑郁症患者。他常常会关了手机，把自己一个人关在家里，也不怎么吃东西，就靠水和烟活着。知道内情的朋友，很为他发愁，为他请心理医生，拉他出去散心，他心情会突然好转一阵子，可是好像都是治标不治本。

薛东曾经有过一个相处十几年的女朋友，但是不知道什么原因，两人最后还是分手了。小婉对他的过去一无所知。而且，小婉曾经对于薛东的抑郁症也一无所知。

小婉喜欢薛东条理分明的逻辑思维能力，她不喜欢和女朋友唧唧歪歪地腻在一起讲八卦和琐碎，所以她经常去找薛东聊天。薛东总是能够给她简洁有效的指导。是突然有一天，小婉打薛东电话，发现他关机，满世界找不到他，她去问薛东的朋友，才得知，薛东的抑郁症已经不轻了。

很是搞笑的是，得知了薛东的抑郁症之后，小婉居然油然而生一种心理：可能我就是拯救薛东于水火的那个人呢。她自大地以为自己可以治好他的抑郁症。

小婉问到薛东的住址，买了薛东爱吃的菜，放到他门口，然后离开，给他发短信，告诉他门外有食物。这种细腻深情的事情，小婉前半辈子从来没有做过。

春节的时候，小婉没有回老家，她跑到了薛东的家，薛东那个时候看起来已经比较正常了，只不过显得有些疲惫、没有气力。薛东的父母也来了北京，他们很担心自己的儿子。小婉每天都买很多东西带过去，花光了她所有的年终奖。

有一天，薛东出门去了。薛东的父母要小婉坐下来和他们聊一聊，他们说："小婉，你别等薛东了。我们自己的儿子，我们知道。你别为了他耽误自己。"

小婉不知道，薛东父母的这个说法，到底是什么意思。是他们觉得她配不上他们的儿子，还是他们真的已经对自己的儿子绝望了呢。薛东跟她说过，和她在一起是最放松最愉快的，可是，那不是爱情——他是这样说的。

我应该相信一个抑郁症患者的话吗？薛东这个人，让小婉伤透了脑筋。薛东的父母回老家之后，她每天都很执着地跑去看薛东。薛东还是时而斗士，时而抑郁。他对社会上的好多人和事情都看不顺眼，他每天早上起来的第一件事总是翻看各种新闻网站，阅读各种负面报道，把自己气死。

朋友劝小婉说，可能薛东这个人小时候受了伤害，从小就仇恨社会，你跟他待在一起不会快乐的。小婉很不高兴地质问那些朋友：你们觉得，快乐是那么重要吗？你们安享不公平的规则带给你们的丰富资源，你们当然喜欢去看所谓美好的一面。

渐渐地，小婉的朋友都跟她疏远了。不过，那个时候，小婉觉得她和薛东是世界上最出淤泥而不染的两个人，她决心要尽力去维护薛东的纯洁，她从自己的工资里拿出一部分钱，悄悄地定期塞在薛东的房间的各个角落里——她知道薛东在金钱上完全是个糊涂的人，没钱了就在家里到处找钱。她业余时间跑去帮他打理酒吧，赚的钱当然是存到薛东的账户上。和薛东默默地对酌小酒的时候，她感到他们俩有一种封闭的崇高感，内心丰沛而满足，甚至不想跟别人去说那种感受，好像每说一次，就是在稀释那种满足感。

可能，生活在热闹中的人，很难体会，自绝于民，其实有很大的诱惑。后来，薛东终于还是完全退回到他的壳里去了——他彻底换了手机号码，也换了房子，小婉到哪儿都找不到他。她心急如焚，怕他出事。后来还是薛东的朋友，告诉她说薛东没事，他是去了云南藏区，他决定要在那儿隐居一年。

小婉终于才肯承认，有的人是真的不适合结婚。薛东是那样的人，但是自己是吗？她不是很确定。在父母的支援下，她跑到大兴去买了一个房子，养了一只狗。

4

有男朋友的，已婚的，甚至离婚的女人，都热爱给她提供指点，告诉她关于她们自己的故事，仿佛人人都可以给你指点一条觉悟之路。但完全不是那样的。完全没有道路可循，别人的熊掌，不一定是你的砒霜，但你肯定不见得喜欢熊掌。

小婉以为自己已经对红尘看得清楚，却还是有一些让她意识到自己“天真”的人与事。已婚的男人以为她孤独，找上门来，做出愿意奉献自己的姿态。她虽不感谢他的“大公无私”，但也不至于像贞烈女一样，把他扫地出门。

“对我来说，已婚是一个界限。如果一个男人结婚了，我绝不沾惹他。”看似大大咧咧、无所顾忌的小婉，其实是有自己的原则的人。她明白无误地这样告诉已婚男，已婚男倒也没有死搅蛮缠。

猛扑上来的是已婚男的老婆，她不知从哪儿得到了风声，跑到小婉的单位，用最恶毒的语言骂她勾引别人的丈夫。小婉再三跟她解释，也无效。换了别的刚烈女生，可能会为被无辜加罪而气恼，干脆起而伐之，把那个家庭给破坏掉算了，也是解气。

但是，小婉是那种绝不肯将自己卷入龌龊的人，她实在懒得为那些与自己无干的人动一丝真气。有朋友跟她说，你看吧，你们这些剩女的存在就是会让那些已婚妇女感到不安，你最好远离她们的丈夫。“但是，不是永远都会有年轻的、未婚的女孩存在吗？女人为何要像狼维护一块鲜肉一样，死死地守着自己的丈夫。”“女人嘛，就是容易缺乏安全感咯！”

有一些品性，如果太普及，就会让人难为情。其中尤以“缺乏安全感”为甚，它真是引无数女人竞折腰！太多女孩为之嫁人，太多已婚女人为之惊忧，可小婉困扰的事情，从来都不是安全感——难道人不是必然要死吗？既然都会死，有什么安全可言，如果安全指的就是健康地活着的话。

小婉烦恼的事情是，如何有效地运用自己手中的自由。她相信，自由如同生命一样，终有一天会被剥夺。曾经，她的梦想是到处去旅游，但是如今，她决意要把“旅游”从自己的兴趣爱好一栏中划去。那是因为她曾经有过长达三个月的旅游，她终于意识到，一个没有人生梦想的人，才会把旅游当作自己的梦想。

她也不惮于去结识那些被一般人视为边缘人的人，有的人，总是害怕被“坏人”伤害——可是为什么会有这种想法呢？难道，你还不知道，人一生之中所能结识的最坏的人就是自己？从你有意识起，你能精确地知晓“它”是怎样源源不断地产生恶念，而你又是怎样把它掐断，或者以不为人知的方式释放。

小婉的舅舅不久前退休了，竟然跟她说：“我太同情你了，你还有那么多事情没有经历过，还要工作几十年。”但小婉现在怀疑的是，人的一生真的有那么长吗？不是每个人都有幸活到八九十岁的。

朋友找她一起去购物，喝下午茶，怡然自得地说：“想当初咱们20岁的时候，钱只够吃路边摊，去动物园批发市场淘点便宜货。现在，咱们马上就要30岁了，进入女人一生中最美的阶段了。”小婉不明白，为什么还有人会保持这么简单天真的头脑。或许，只有最精明的头脑才会让自己活得这么简单。

梦想、爱情和幸福感，是相关系数很高的东西，如果其中有一样不合自己的心意，那必然会影响到另外的心情。如果有爱情，可是你对自己没信心、缺乏爱自己的能力，没有真正的梦想，又或者，如果你有梦想，可是感情生活一塌糊涂，谈何幸福？

一个活到30岁的人，人生中必然已经经历了美好的和丑陋的事情，只能把过去经历的遗憾当作未来幸福的成本，才能有一颗静待未来的心情。有一个冷笑话，有点意思——时间会跟你说，给我一点时间。

5

春节期间，小婉又有一个好朋友离婚了——现在啊，跟同学聚会，大家互相问候的话不是“你结婚了吗？”而是“离了吗？还没离啊？”

那个好朋友，在小婉看来，简直是一个完美的女性，美貌、聪慧、事业成功，最值得赞叹的是，她脾气温柔、待人可亲，而且她的老公与她是一见钟情，两人长着夫妻相，性格也相似，简直就是天造地设的一对儿。没有想到，结婚七年，两个人竟然离婚了，而且据说还是闹得惨不忍睹，基本上互相成为仇敌。

另外一个朋友，谈恋爱10年，婚礼现场对着亲朋好友讲述爱情故事，两人从十几岁就开始青涩恋爱，成年后互相扶持，跌跌撞撞但是甜蜜多过苦恼，简直就是琼瑶故事的翻版。但是，杀了亲朋好友，他们也无法想到的是，这对夫妻结婚一年，就离婚了，第三者是新娘找来的伴娘——Oh my lady gaga，这种狗血剧情竟然是源自真实生活。

小婉有一个前同事，男的，长着一副死样子，性格也极其糟烂，狗嫌猪厌的，突然他宣布他要结婚了，新娘是他在路上偶遇的女人，两人认识了半个月，就决定闪婚。大家都觉得那个女人的脑袋是不是被灌了水，结果在婚宴上一看，我的天，大美女，而且端庄可人，包括美女的父母也是风度翩翩，一副来头不小的样子，新郎新娘以及他们的父母，脸上都挂着幸福的微笑，仿佛这真的是天赐的缘分，受到了天地间各路神仙的祝福。

小婉的偶像是蔡琴和林忆莲，那种实力派的女明星。有一次，蔡琴到大陆来开演唱会，情深绵绵的一首高歌之后，问观众："像我这样一个受过伤的女人，如果遇到一个对象，你们说我还要不要恋爱？"底下众口回答："要！"她却答："可是我会害怕。"

那个害她受伤的男人，大家都知道是杨德昌。除了杨德昌本人，谁都无法理解他们之间10年的无性婚姻。可是这个男人竟然又爱上了别的女人。男人说："10年感情，一片空白。"蔡琴说："我不是空白，我付出了全部。"

杨德昌死后，她说："作为一个曾经的伴侣，我们一起年轻过、奋斗过。作为一个女人，他给我的寂寞多过甜蜜……我们所有过往的点滴，我自己品尝，就当作我活着时永远的秘密，随着他的逝去与世长辞。"在死亡面前，爱情算什么呢？

而林忆莲，也是来北京开演唱会，她为大家唱那些经典好歌，介绍那些歌的时候，她说："这首歌，不是我写的，也不是伦永亮写的，是……另外一个男人写的。"那个男人，自然就是李宗盛。

小婉说：你想想，要是喜儿在台上，看自己妈妈的演唱会，妈妈这么有魅力，爸爸这么有才华……李宗盛和林忆莲都离婚好几年了吧？不过呢，感情的问题呢，爱的时候是真的爱，不爱的时候也是真的不爱了。

在小婉看来，这世上只有两种东西是用钱买不到的，第一种是“真心的爱”，第二种是“老子什么都不要了！”但是实际上，爱情总是以“真心的爱”作为开始，却常常是以“老子（娘）什么都不要了！”来收尾。

这就是现实中的婚姻。精挑细选的对象，最终还是作分飞燕；随便撞上的一个人，说结婚就结了。不一定谁比谁更幸福。一向讲究逻辑分析的小婉，在现实面前也不得不叹一口气，承认历史或者爱情有时候也是由一个个偶然的因素相撞成的。

图书在版编目（CIP）数据

三十未嫁／朱诺诺著．—北京：新世界出版社，2010.8

ISBN 978-7-5104-1168-7

I. ①三… II. ①朱… III. ①女性－恋爱－通俗读物 ②女性－婚姻－通俗读物 IV. ①C913.1-49

中国版本图书馆 CIP 数据核字 (2010) 第 147557 号

三十未嫁

作　　者：朱诺诺
责任编辑：余守斌　熊文霞
责任印制：李一鸣　黄厚清
出版发行：新世界出版社
社　　址：北京西城区百万庄大街24号（100037）
发行部：（010）6899 5968　（010）6899 8733（传真）
总编室：（010）6899 5424　（010）6832 6679（传真）
http://www.nwp.cn
http://www.newworld-press.com
版权部：+8610 6899 6306
版权部电子信箱：frank@nwp.com.cn
印　　刷：北京旺银永泰印刷有限公司
经　　销：新华书店
开　　本：880×1230 1/32
字　　数：153千字　插图：8张　印张：7.5
版　　次：2010年11月第1版　2010年11月第1次印刷
书　　号：ISBN 978-7-5104-1168-7
定　　价：26.00元